DBV
DON BOSCO
VERLAG

Hildegard König
Irene Leicht (Hrsg.)

HEILIGE UNRUH

Bewegende Frauen in den Zeiten der Kirche

don bosco
frauenSpuren

Die Deutsche Bibliothek – CIP-Einheitsaufnahme

Ein Titeldatensatz für diese Publikation
ist bei Der Deutschen Bibliothek erhältlich.

verlags
gruppe
engagement

1. Auflage 2000 / ISBN 3-7698-1252-2

Umschlag und Illustrationen: Margret Russer
Gesamtherstellung:
Don Bosco Grafischer Betrieb, Ensdorf

INHALT

Getrieben zum Widerstand

HEILIGE UNRUH: BEWEGENDE FRAUEN IN DEN ZEITEN DER KIRCHE

Frauengeschichte

Die Unruh ist das Schwungrad in Uhren, das den Takt gibt und das Zeitmaß regelt.

Die heilige Unruh ist der Atem Gottes, die »Ruach« des Ersten Testaments oder – in theologischer Alltagssprache – »der Heilige Geist«. Sie hält das Christentum in Schwung und bewirkt durch ihre Pendelbewegungen, dass lebendige Überlieferung durch die Zeiten hindurch möglich wird.

Wie sehr Frauen von dieser heiligen Unruh in der Geschichte der Kirche ergriffen wurden – davon handelt dieses Buch. Kirche wird dabei als das umfassende Phänomen des 2000 Jahre alten Christentums verstanden, abgesehen von seiner Aufspaltung in unterschiedliche Konfessionen und der Tatsache, dass manche Menschen und Gruppen in keiner der institutionalisierten Formen des Christentums einen Ort fanden.

Immer noch ist es die vorherrschende Meinung in dieser weitgefassten Kirche, dass Männer die maßgeblichen Personen der Geschichte sind. Ihre Lehren, Leistungen und Lebensläufe werden in Erinnerung gehalten oder gerufen. Sie gelten als die Schöpfer und Gestalter von Kultur, Wirtschaft und Politik. Diese Auffassung prägt nicht nur die Vorstellungen über die Geschichte des Christentums, sondern betrifft Geschichte allgemein. Seit gut 30 Jahren tritt die historische Frauenforschung diesem einseitigen Geschichtsverständnis entgegen und richtet den Blick auf eine Wirklichkeit, die komplexer ist. Dabei wurde zunächst auf die vielen, meist bekannteren Frauen hingewiesen, denen niemand ihre Geschichtsmächtigkeit absprechen konnte. Dann wurde betont, dass ohne die spezifischen Beiträge von Frauen Geschichte undenkbar sei – vom Gebären über das Erziehen bis hin zur Haushaltsführung und anderem. Schließlich wurde immer klarer, dass es mit solchen Hinweisen und Ergänzungen allein nicht getan war. Denn damit ließ sich der männliche Blick auf Geschichte nicht überwinden, unter dem Frauen entweder als Sonderfälle in das Geschichtsbild integriert wurden oder für die öffentlich wirksamen Aktivitäten der Männer den Hintergrund abgaben.

Geschlechtergeschichte

Seit der Erkenntnis dieser Probleme wird immer wieder die Forderung nach einem doppelten Perspektivenwechsel laut: Es geht nicht nur darum, den Frauen die Geschichte zurückzugeben, also deutlich zu machen, dass auch Frauen eine Geschichte haben und in einer Tradition stehen, die für ihr Selbstverständnis und ihre eigene Entwicklung bedeutsam ist. Es geht darüber hinaus auch darum, der Geschichte die Frauen zurückzugeben und so zu einem umfassenderen Verständnis von Geschichte zu gelangen. Dieses neue Konzept von Geschichtsschreibung drückt sich im Begriff der Geschlechtergeschichte aus. Das Geschlecht, also die Unterscheidung in männlich und weiblich, wird hier als ein Prinzip aufgefasst, das die gesellschaftliche Wirklichkeit und das Leben insgesamt grundlegend beeinflusst. In diesem Sinn werfen Frauen ihren Blick auf die ganze Geschichte, weil die ganze geschichtliche Wirklichkeit in ihren sprachlichen und symbolischen Ausdrucksformen, in gesellschaftlichen und wirtschaftlichen Arbeitsteilungen, in Rollenzuschreibungen und auch in religiösen Vorstellungen von der Kategorie »Geschlecht« geprägt wird. Bezogen auf die Geschichte des Christentums wird dieser veränderte Blick für die Gottesrede genauso bedeutsam wie für die Frage nach der Zulassung von Frauen zu kirchlichen Ämtern und Diensten.

Bewegende Frauen

Das vorliegende Buch versteht sich als Beitrag zu solch einer neuen Konzeption von Geschichte. Allerdings gibt es noch einen beträchtlichen Rückstand in der Erforschung dessen, was Frauen überhaupt bewegt haben in den Zeiten der Kirche. So ist also noch viel Aufholarbeit zu leisten, bevor die ganze Geschichte neu geschrieben werden kann. Notgedrungen gehen wir deshalb

– trotz der genannten Erkenntnisse und Fernziele der Forschung – einen Schritt zurück und nehmen hier nur die den Frauen eigene Geschichte in den Blick. Wir beschränken uns dabei jedoch nicht darauf, isolierte Gestalten vorzustellen. Das besondere Anliegen dieses Buches ist es, im doppelten Wortsinn »bewegende Frauen« ans Tageslicht zu bringen: Diese Frauen sind schon an und für sich bewegend; sie faszinieren aufgrund ihrer Lebensgeschichte, ihres Engagements und ihrer Glaubenskraft. Sie sind aber auch bewegend, insofern sie andere Frauen in Bewegung gebracht, inspiriert und angeregt haben. Mit unserem Projekt, Frauen-Beziehungen greifbar zu machen, möchten wir das Bewusstsein schärfen für Notwendigkeit und Fruchtbarkeit dessen, was in der heutigen Geschlechterdifferenz-Debatte als *»affidamento«* bezeichnet wird. Dieser Begriff wurde von italienischen Forscherinnen ins Spiel gebracht: Frauen leben von anderen Frauen, ihren Schwestern, Müttern, Großmüttern, Lehrerinnen, Seelsorgerinnen, Freundinnen, Namensgeberinnen, von weiblichen historischen und zeitgenössischen Vorbildern und Gefährtinnen. Wenn sich Frauen bewusst werden, wie viel sie anderen Frauen verdanken, können sie mit Mut und Selbstbewusstsein ihr Wissen und ihre Erfahrung weitervermitteln. Darüber hinaus geben sie den oft vergessenen, übersehenen Frauen, die eine Rolle in ihrem Leben gespielt haben, jene Würde zurück, die ihnen durch fehlende Aufmerksamkeit oder Verschweigen versagt wurde und oft auch heute noch versagt wird.

Sich anvertrauen
»Affidamento« meint, sich vertrauensvoll in die Hände einer anderen Frau zu begeben und durch diesen Akt selbstbestimmt und frei zu werden – auch im Sinne einer Unabhängigkeit von den gesellschaftlich dominanten männlichen Wertmaßstäben, Bewertungen und Rollenerwartungen. Deshalb kommen Frauenpaare zu Wort, die eine solche Form des *»affidamento«* praktiziert haben und sichtbar machen. Manchmal haben sich diese Frauen persönlich gekannt, manchmal

sind sie über Epochen hinweg einander verbunden.

Dass es zwischen Frauen nicht nur *»affidamento«*, sondern auch Rivalitäten und unheilvolle Beziehungen gibt, soll an dieser Stelle nicht unerwähnt bleiben. – Ziel des Bandes ist es jedoch, mit den dargestellten positiven Beziehungen Zeichen zu setzen gegen die Minderwertigkeit und Ohnmacht, die Frauen so oft erleben. Die aufgeführten Beispiele möchten jede Frau dazu anregen, sich jener Frauen zu vergewissern, die in ihrem eigenen Leben für sie selbst von Bedeutung waren.

Heilige Unruh

Die Unruh in einer Uhr hält das Getriebe in Schwung, indem sie verschiedene Zahnräder gleichzeitig bewegt. Auch der heilige Geist, die göttliche Ruach, wirkt vielfältig und treibt zur Nachfolge Jesu in verschiedene Richtungen an.

Unsere Zusammenstellung der Beiträge versucht das sichtbar zu machen, indem sie die Schwerpunkte markiert, die die Autorinnen im Blick auf die einzelnen Frauenpaare gesetzt haben.

Alle Frauen in den Zeiten der Kirche ließen sich antreiben von jenem Geheimnis, das wir Gott nennen. Aber nicht in allen Texten wird dieses Getriebensein unmittelbar ins Zentrum gerückt.

Alle Frauen wussten um die notwendige praktische Ausrichtung des Glaubens. Aber nicht alle Darstellungen benennen die Projekte, die Frauen, getrieben von der Not der Armen oder dem Hunger nach Bildung, angepackt haben.

Allen Frauen war klar, dass die Entscheidung für den Glauben immer wieder Aufbruch bedeutet. Aber nicht alle Beiträge weisen auf einen Exodus der Frauen in die buchstäbliche Fremde oder zu neuen Lebensformen hin.

Alle Frauen leisteten im Namen Gottes Widerstand gegen die vielen Formen von Abgötterei. Aber nicht alle Aufsätze thematisieren ein spezifisches Martyrium der Frauen.

Freilich gibt es bei den meisten der dargestellten Beispiele Verzahnungen; sie hätten gut auch unter einem anderen Abschnitt Platz finden können. Das Christentum bleibt nur im Takt und intakt, wenn der Geist Gottes die unterschiedlichen Charismen zusammenspielen lässt.

Kreative Geschichtsschreibung

Die Geschichte ist der immer neue Versuch, Vergangenes zu deuten und zu rekonstruieren. Auf diesen Prozess hat der Standpunkt der Interpretin einen beträchtlichen Einfluss. Dieser Tatsache wird in diesem Buch auf besondere Weise Rechnung getragen. Die Verfasserinnen der einzelnen Beiträge sind wissenschaftlich ausgewiesene Theologinnen: Sie sind Mitglieder der AGENDA – Forum katholischer Theologinnen e.V., gehören der AG Zeitgeschichte des Katholischen Deutschen Frauenbundes an oder arbeiten im Arbeitskreis Patristik zusammen. Sie haben sich auf das Experiment eingelassen, historische Fakten mit Fiktion zu vermitteln, indem sie meist selbst in die Rolle einer geschichtlichen Frauengestalt geschlüpft sind und aus deren Perspektive die

Beziehung zu einer anderen Frau erzählt haben. Durch diesen kreativen Akt der historischen Annäherung wird die Bedeutung des Vergangenen für die Gegenwart greifbar. Dennoch handelt es sich in keinem der Beiträge um reine Dichtung. Im Anschluss an die Beiträge finden sich die wichtigsten Daten zu den einzelnen historischen Frauen und zu den Autorinnen sowie Quellenangaben.

Bleibt zu wünschen, dass unser Buch viele Frauen und auch Männer in Bewegung bringt hin zu einem vertrauensvolleren Leben. Die heilige Unruh bewegt Frauen – diese Einsicht möge wachsen.

Aachen/Karlsruhe, Pfingsten 2000

Hildegard König
Irene Leicht

GETRIEBEN VOM GEHEIMNIS

ZWEIERLEI ZUSAMMENSEIN
Maria und Marta im Gespräch

Marta: Erinnerst du dich, Maria, an den Besuch Jesu in unserem Haus?

Maria: Vergessen kann ich diese Begegnung nicht, sie hat mich lange beschäftigt. Meine Gefühle sind immer noch zwiespältig, wenn ich daran zurückdenke. So schön der Aufenthalt Jesu bei uns war: Immer hatte ich auch ein schlechtes Gewissen dir gegenüber, denn du hast dich als Gastgeberin abgemüht, während ich zunächst einfach den Augenblick ausgekostet habe. Ein bisschen weltvergessen saß ich zu Jesu Füßen und habe seinen Worten gelauscht.

Marta: Und ich war ziemlich eifersüchtig auf dich. Im Geheimen habe ich dir längst Vorwürfe gemacht, bevor mein Zorn dann aus mir herausbrach. Du weißt, wie gern ich Gastgeberin bin und ein Mahl vorbereite, doch damals sind meine Gedanken nur um ein Thema gekreist: »Wie kann meine

Schwester so ruhig da sitzen und sich bedienen lassen? Sie sieht doch auch, dass ich alle Hände voll zu tun habe! Warum lässt sie mich so im Stich?«

Maria: Ich habe wohl gesehen, dass du den Besuch Jesu besonders gestalten wolltest – auch das kleinste Detail sollte stimmen. Doch warum hast du dich bei Jesus über mein Verhalten beklagt und bist nicht direkt zu mir gekommen?

Marta: Vielleicht, weil ich dich kenne. Weil ich weiß, dass du die Welt und alles um dich herum vergessen kannst, wenn dich etwas fasziniert. Und vielleicht auch deshalb, weil mir Jesu Anerkennung wichtiger war als deine Hilfe. Im Grunde meines Herzens wollte ich wie du mit unserem Gast zusammen sein und seine Anwesenheit genießen.

Maria: Das hast du dann ja auch erreicht. Bei Jesu Worten bin ich zuerst ziemlich erschrocken, denn deine Vorwürfe konnte ich recht gut verstehen. Hast du nicht getan, was er immer gepredigt hat – Nächstenliebe geübt?

Aber hast du auch bemerkt, wie liebevoll er dich zweimal bei deinem Namen gerufen hat? »Marta, Marta, du sorgst dich um vieles«. Schließlich die rätselhafte Rede vom guten Teil, den ich erwählt haben soll.

Marta: Vielleicht interessieren sich gerade deshalb die Christinnen und Christen späterer Zeiten für uns: Sie suchen in uns ein Modell christlichen Lebens.

Maria: Schmunzeln muss ich, wenn ich an die Äbtissin Heloise denke. Im 12. Jahrhundert sucht sie nach den Ursprüngen des weiblichen Mönchtums, weil sie glaubt, dass die bisherigen Ordensregeln nicht für Frauen geeignet sind. Heloise spielt uns beide richtig gegeneinander aus: Ihr ist das Studium so wichtig, das Hören, Lesen und Singen von Gottes Wort, dass sie des Tages Last und Hitze am liebsten auf andere abwälzen möchte. Die Martas dieser Welt sollen den Marias dienen.

Marta: Nicht nur die Martas! Bei Lukas, der unsere Geschichte aufgezeichnet hat, findet sie auch die Stelle von den sieben Männern, die die Witwen unterstützen (vgl. Apg 6,1–7). Heloise denkt, dass es die Aufgabe dieser Diakone ist, den gottgeweihten Frauen zu dienen und sie frei von irdischen Sorgen zu halten.

Maria: Dabei war Heloise Äbtissin und für den Aufbau eines neuen Klosters verantwortlich; sie hatte bestimmt genug zu tun. Zu ihrer Zeit haben Nonnen und Mönche oft gesagt, sie gingen vom Leben der Maria zu dem der Marta über, wenn sie ein Amt im Kloster übernahmen.

Marta: Darin liegt ja auch ein Körnchen Wahrheit, denn eine Gemeinschaft und die Einzelne brauchen in ihrem Leben beides: Zeiten der Arbeit und der Muße, Zeiten der *actio* und der *contemplatio*, des Tätigseins und der Betrachtung. Alles zu seiner Zeit.

Maria: Die meisten sehen uns deshalb als Einheit. Elisabeth von Thüringen soll das im 13. Jahrhundert vorbildlich gelebt haben. Sie hatte immer im Blick, was ihren Mitmenschen Not tat. »Wie Marta« hat sie in den Armen Christus gedient; wie du hat sie Gastfreundschaft geübt und in ihrem Spital in Marburg Pilger, Arme und Kranke aufgenommen.

Marta: Gleichzeitig wollte sie wegen dieses Dienstes nicht die »Ruhe Mariens« vernachlässigen und sich im Hören auf Gottes Wort sättigen.

Maria: Für manche Frauen bist du das große Vorbild geworden. Die Beginen, die von ihrer eigenen Arbeit leben, nennen die Leiterin ihrer Gemeinschaften »Meisterin« oder »Marta«.

Marta: Dieser eine Tag in unserem Leben, von dem Lukas berichtet – er dient als Modell für ganz verschiedene Lebensentwürfe. Weißt du, dass mich diese Frauen und ihre unterschiedlichen Interpretationen mit dem Besuch und den Worten Jesu versöhnen? Ich bin wieder gern Hausherrin und Gastgeberin und ich habe gelernt, im richtigen Augenblick die Arbeit loszulassen, um die Gegenwart eines Besuchs zu genießen.

Maria: Ich glaube, dass ich dir heute nicht mehr alle Arbeit überlassen würde. Mehr als früher sehe ich nun, was für einen solchen Empfang notwendig ist. Wahrscheinlich wirst du immer die sorgfältigere Gastgeberin bleiben und ich diejenige, die sich in der Begegnung verlieren kann. Unsere Gaben sind verschieden, doch das ist mir heute das Wichtigste: dass wir untrennbar zusammengehören.

Regina Heyder

Literatur: Lukas 10,38–42; Giles Constable, The Interpretation of Mary and Martha: ders., Three Studies in Medieval Religious and Social Thought, Cambridge 1995, 1–142.

FERN-NAH – EIN SPIEGELBLICK

Simone Weil über Marguerite Porete

Sie sprechen mich auf meine Beziehung zu Marguerite Porete und ihren *Spiegel der einfachen Seelen* an. Gut! Schauen wir in Marguerites *Spiegel!* Das ist mir jedenfalls deutlich lieber, als wieder einmal über mich Auskunft zu geben.

»... so eröffnet sich die eine der anderen ...«

Der *Spiegel* war für mich ein Fund. Allerdings: »Unknown French Mystique« meinte meine Ausgabe. Einen Namen konnte ich zu diesem Zeitpunkt mit dem Buch nicht verbinden. Verfasser oder Verfasserin? Mich interessierte weniger der Sänger (oder, wie ich nun weiß, die Sängerin) als das Lied.

Diese kostbare Perle[1] hat mich begleitet, bis zuletzt. Vielleicht traf auf meine Lektüre des *Spiegel* wirklich zu, was Marguerite so schildert:

---

[1] Vgl. Mt 13,46. Die Bedeutung von lat. »Margarita« (franz. »Marguerite«) ist »Perle«.

»Es kommt wohl manchmal vor, dass man in dem einen und selben Königreich keine zwei Kreaturen von selbem Geist auffinden könnte. Wenn es aber geschieht, daß zwei solche Kreaturen sich finden, so eröffnet sich die eine der anderen. Und sie wollten voreinander nichts geheim halten. Und wollten sie es auch, so vermöchten sie es doch nicht, wegen der Beschaffenheit ihres Geistes und ihrer Veranlagung, wie auch wegen ihrer Lebensart, zu der sie gerufen sind, ob sie es wollen oder nicht.« (Spiegel 139.211f.)

Sechseinhalb Jahrhunderte trennten uns. Und dennoch, wir haben uns getroffen. Der Blick in ihren *Spiegel* traf mich!

Ich sehe schon: Ohne einen Seitenblick auf meine eigene »Lebensart« wird es doch nicht gehen!

Ein hölzernes Eisen

Vielen muss ich als eine Intellektuelle reinsten Wassers erschienen sein. Als eine der wenigen Studentinnen der ENS [2] war ich ohnehin ein weißer Rabe. Mit meinem, wie

---

[2] Frz. Elitehochschule.

einige meinten, unbändigen Scharfsinn, unerbittlichen Fragen und notorischen Mangel an Respekt habe ich unsere Professoren wohl nicht immer erbaut. Zugleich sah man mit Befremden eine politische Aktivistin, der Unrecht und Bedrückung von nah und fern auf den Leib rückten, unter die Haut gingen. Und all das bei einer Frau. Das erschien einigen bizarr. Ich war für sie ein hölzernes Eisen.

Vor einigen Jahren hat mir ein Interpret »kulturellen Heißhunger« bescheinigt. Das stimmt, aber nicht sehr. Gewiss, immer war ich eine leidenschaftliche Leserin. Aber ich wäre doch schlicht und einfach unfähig gewesen, Werke der Kultur wahllos herunterzuschlucken! Ich habe mich auch hier stets bemüht, Gehorsam zu üben, d.h. allein das zu lesen, was mir *notwendig* schien, wonach ich ein inneres Bedürfnis verspürte. Und wie könnte sich das Verlangen nach Wahrheit und Schönheit dann von der Suche nach Gerechtigkeit trennen?

Daher meine unendlichen Lektüren und Gespräche und meine politischen Zeitdiagnosen. Daher aber auch meine Entscheidung für die Fabrikarbeit, die mich nicht allein körperlich, sondern auch seelisch gebrandmarkt hat. Ich wollte das Leben der hier Versklavten nicht nur erörtern und beklagen, sondern es wirklich kennen lernen, es teilen, es mitleiden.

Daher auch mein Gespür für die Macht der Macht, und für ihren Missbrauch. Daher auch meine Kritik der politischen Totalitarismen, meine Zurückweisung des marxistischen Vorsehungsglaubens und seiner das Individuum missachtenden Produktivkräftereligion.

Was man heute postmoderne Beliebigkeit nennt, wäre mir vollkommen unzugänglich gewesen. Ich kannte gewiss keine Scheu vor den geistigen Schätzen anderer Kulturen, aber – ich sollte besser sagen: *denn* – meine Suche war von einem unsichtbaren, starken Magneten orientiert.

Auch darum wohl wurde mir Marguerite Poretes Werk zu einem wirklichen Spiegel. Hinter *diesem* Spiegel steckt nicht allein ein überaus reiches theologisches Denken, sondern Vertrautheit mit der höfisch-literarischen Kultur, der Minnetradition der Zeit. Marguerite war eine vielseitig gebildete, herausragende Intellektuelle. Und zwar im dreizehnten, nicht im zwanzigsten Jahrhundert! Sie ist der weiße Rabe, nicht ich.

Jede Zeile des *Spiegel* spricht davon: Hier hat eine geistliche Frau auf ihrem Weg viel erprobt und erlitten, durchdacht und begriffen. Vor allem aber hat sie *eines* erfahren: Letzte Orientierung auf dem Meer der Gottessuche kommt weder von den Künsten noch von den Wissenschaften, die Gotteswissenschaft eingeschlossen, noch von den Tugenden, so bedeutsam diese sind. Der Magnet, der die Kompassnadel ausschlagen lässt, ist die Liebe Gottes. Marguerite sagt es so: *»Denn keiner versteht es, außer einzig der, welcher nach der edlen Liebe begehrt. (…) Eine solche Seele lernt in der Schule der Gottheit.«* (Spiegel 9.27)

»Denn die Liebe ist Gott …«

Was zeigte mir Marguerites *Spiegel*? Ich möchte es ganz einfach sagen: Gottes Liebe. *»Ich bin Gott, spricht die Liebe. Denn die Liebe ist*

Gott, und Gott ist die Liebe (1 Joh 4,16).« (Spiegel 117.166f.) Das missbrauchte und verbrauchte, das verkannte und verkommene Wort »Liebe« wird in einem spannungsreichen und spannenden Klärungsprozess – er bildet den Inhalt von Marguerites Buch – gereinigt und ganz neu. Die Hauptrednerin des *Spiegels*, die *Liebe*, und ihre Schülerin, die in der Gottesliebe nun frei – *»einfach«* – gewordene *Seele*, überzeugen die gemeinsame Gesprächspartnerin *Vernunft* davon, dass ihr in den letzten Fragen zwischen Gott und Mensch nur das vorletzte Wort zukommt. Die Liebe gewinnt ihre göttliche Leuchtkraft wieder.

Das hat mich getroffen. Ein Spiegelblick. Denn die Liebe orientierte auch meine Suche! Die Liebe, die nicht Vorliebe ist, nicht eine göttliche oder menschliche Eigenschaft unter anderen, nicht Selbstverliebtheit in schöne Empfindungen und emotionale Hoch-Zeiten. (Hier waren Marguerite und ich uns völlig einig.) Alle Ereignisse des Lebens sind Zeichen der göttlichen Liebe; in allem, was geschieht, zeigt Gott uns seine

Liebe! Der *Spiegel* ist ein Intensivkurs zum Erlernen jener großartigen und zugleich intimen Fremd-Sprache, in der Gott ihrem Geliebten immerfort *Ich liebe dich* sagt. (Vgl. Cahiers 4.113)

Ohne den Verstand zu verlieren …
Das reizt Sie zum Widerspruch? Sehr gut! Nur Fragen führt aus den geistlichen Kinderschuhen heraus! Darüber hätten Marguerite und ich uns gewiss nicht gestritten. Manchmal zerreißt ein Widerspruch das Herz: Wie das Unglück der Menschen und die Vollkommenheit Gottes miteinander in Einklang bringen? Das Austragen von Widersprüchen hilft uns, zur Welt zu kommen.

Es geht nicht darum, das Licht der Vernunft auszuknipsen. Wir müssen lesen lernen. Die Unterwerfung der Vernunft- und der Verstandeskräfte setzt nicht automatisch die Liebe zur Gottesliebe frei, sondern läuft auf Suggestion oder physische Gewalt hinaus. Darum ist der *Spiegel* ein langes, nie langweiliges, ein dramatisches, humorvolles, scharfsinniges, kühnes, zugleich rücksichtsvolles, gedanklich glasklares, doch das Paradox nicht scheuendes Streitgespräch unter Partnerinnen, die einander überzeugen und nicht etwa überreden oder überrumpeln wollen.

Der Berührung mit dem Geheimnis Gottes fähig ist zuletzt aber nicht der Verstand, auch der schärfste nicht, sondern allein die Liebe, der sich die göttliche Liebe eingeprägt hat. Erst so lernt man, kritisch zu denken: Gott von den Götzen zu unterscheiden. Dies kann man wohl verstehen, ohne den Verstand zu verlieren.

Ein Eisen im Feuer

Der Lebensweg der Seele, den Marguerites Werk spiegelt, ist eine Bildungsreise. Der *Spiegel* ist ein Reiseführer! Auf dem Weg in das Land der Freiheit erwirbt sich die Seele nicht irgendwelche, und seien es göttliche Bildungsgüter; sie selbst wird Güte. »*Darum gibt die göttliche Güte der Seele nicht eine eigene Güte, sondern einzig von ihrer eigenen Güte*«, schreibt Marguerite. (Spiegel 135.208)

Für diese erhebende und bestürzende Erfahrung hat der *Spiegel* das Bild vom Eisen im

Feuer gefunden. Ich hatte es mir gleich notiert, so überzeugend schien es mir. (Vgl. Spiegel 52.87/Cahiers 4.350.) Wie das harte, kalte, starre Eisen, im Feuer erhitzt, selbst feurig wird und rot zu glühen beginnt, so wird die Seele, die Gottes Liebe berührt, durch die Liebe in Liebe gewandelt. Für die kleinmütige »*Heilige Kirche die Kleine*«[3] war dieses Eisen wohl zu heiß. Nicht nur ihr Werk, Marguerite selbst musste schließlich auf dem Scheiterhaufen brennen.

Der Fernnahe

Marguerite wiederholte es ja unermüdlich: Zwischen Gott und Mensch klafft ein Abgrund. Gott ist der unendlich Andere; un-

---

[3] Marguerites *Spiegel*, der eine von einer ängstlichen Vernunft dominierte »Heilige Kirche die Kleine« und eine von der göttlichen Liebe erleuchtete und ermutigte »Heilige Kirche die Große« kennt, wendet sich an die ganze Kirche, auch wenn er damit rechnet, dass die in der Gottesliebe frei gewordenen Seelen hier verkannt werden, obgleich sie die ganze heilige Kirche »tragen und belehren und ernähren«. (Spiegel 43.76)

fasslich, unbegreiflich. Wie von ihm sprechen? Gott, das Sein selbst – zugleich anders als Sein, Über-Sein, Sein ohne Sein. Vor diesem göttlichen Alles ist die Seele – Nichts. Wie können Gott und Seele einander gleichen wie Feuer und Flamme?

Gott ist die Liebe! Diese sprengt und übersteigt alle Gottesbilder. Sie verrückt sie. Sie rückt sie zurecht. Alles oder Nichts? Gott oder Mensch? Fernste Ferne oder nächste Nähe? Marguerite sucht die zerreißende Spannung nirgends abzumildern. Aber ebenso wenig lässt sie den Gegensatz kleingläubig stehen: Gottes Großmut lässt ihn nicht stehen! Und darum denkt der *Spiegel* vom Menschen sehr groß. Der wunderliche, der wunderbare Gottesname, den Marguerite im *Spiegel* gebraucht, *»der Fernnahe«*, ist das Herzstück ihres Reiseberichts. Er spricht Bände.

Öffnet sich die Seele dieser Liebe, so verrücken sich ihr alle Dinge. Sie wird frei, von Wollen und Nichtwollen, von Bangen und Hoffen, von Stolz und Scham, vom Druck der Meinungen. Die Götzen genügen ihr nicht mehr. Die Seele wird frei für Gottes Liebe. Gott braucht ihre freigiebige Liebe!

Marguerites *Spiegel* ist eine große Ermutigung, nicht endlos zu zögern, sondern endlich, in der Unerschrockenheit der Demut, die eigene Last in den Abgrund der Liebe zu werfen – und nach oben zu fallen. Denn dank göttlicher Liebe, Gott sei Dank, findet sich im *Nichts Alles*, der *Ferne* kommt *nah*.

Ein *Schlusswort*? Eher eines zum Neubeginn!

Ein kurzes Leben lang suchte ich das Entdeckte zu bewahren und zu bewähren! Sie haben nun selbst in den *Spiegel* geschaut. Der *Spiegel* ist Reiseliteratur. Marguerites Mut, die Einladung des *Fern-Nahen*, gilt!

Susanne Sandherr

Marguerite Porete geb. zwischen 1250 und 1260 in bzw. bei Valenciennes, wurde nach einem Inquisitionsprozess wegen Weiterverbreitung ihres theologischen Werkes über die Gottesliebe »Der Spiegel der einfachen Seele« am Pfingstmontag, dem 1. Juni 1310 in Paris auf dem Scheiterhaufen hingerichtet. Frömmigkeit, Intellektualität, Selbständigkeit der Lebensführung lassen auf (kritische) Nähe zur Beginenbewegung und auf die Herkunft aus dem städtischen Patriziat schließen.

Simone Weil, geb. am 5. Februar 1909 in Paris, gest. am 24. August 1943 in Ashford/Kent, wuchs in einem geistig und musisch anregenden, ethisch anspruchsvollem familiären Umfeld auf. Es war von der jüdischen Herkunft der Eltern ebeso geprägt wie von der Distanz zur eigenen religiösen Tradition. Nach dem Philosophiestudium an der Pariser *École Normale Supérieure* war Weil als Gymnasiallehrerin tätig. Zugleich wandte sie sich in genauen und hellsichtigen Analysen und in einer selbstbewussten Praxis der Selbstlosigkeit den politisch-sozialen Problemen der Zeit zu. Simone Weil wusste sich einem mystisch erfahrenen und der Wahrheit verpflichtetem Christentum nahe, das sich nicht auf die Seite der Macht schlägt, sondern bei den Ohnmächtigen steht, einem wahrhaft universalen Katholizismus. Zuletzt arbeitete sie in Lonon für die Résistance.

Literatur: Luise Gnaedinger (Hrsg.), Margareta Porete, Der Spiegel der einfachen Seelen. Aus dem Altfranzösischen übertragen und mit einem Nachwort und Anmerkungen, Zürich-München 1987 (Angaben im Text jeweils mit Kapitel und Seitenzahl); Simone Weil, Cahiers, Aufzeichnungen, Bd. 4. Hrsg. und übersetzt von E. Edl und W. Matz, München 1998.

INNERES BETEN
Teresa von Avila inspiriert Edith Stein

Über einen langen Zeitraum hinweg war ich gleichsam eine Atheistin. In meiner Lebensbeschreibung schildere ich diesen Zustand: *»Als die Schlimmste unter den Schlimmen hielt ich es für besser, mich so zu verhalten wie die vielen anderen und nur noch die mündlichen Gebete zu verrichten, zu denen ich verpflichtet war, das innere Beten aber und den vertrauten Umgang mit Gott nicht mehr zu pflegen.«* (Leben VII, 1, 71).

Das heißt für mich »atheistisch sein«: den Umgang mit Gott nicht mehr pflegen. Auch in dem christlichen Königreich Spanien und im Kloster war das möglich. Diese Verfassung äußerte sich bei mir darin, dass ich ständig zwischen der Welt und Gott hin- und hergerissen wurde. Ich liebte die Ablenkungen und Zerstreuungen, die mir das Klosterleben bot, ich ging ganz darin auf, mich um andere zu kümmern, ich lebte davon, anderen zu gefallen. Immerhin war ich ja die Lieblingstochter meines Vaters und hatte mir deshalb schon früh die Verhaltensmuster eingeprägt, die mir die Anerkennung und Bestätigung durch meine Mitmenschen sicherten.

Allein schon die Erschöpfung, die mir diese Lebensweise bescherte, ließ mich spüren, dass etwas mit mir nicht stimmte. Aber was sollte ich tun? Ich kannte kein anderes Leben, ich war beliebt, niemand nahm Anstoß an mir. Erst später wurde mir klar, wie fremdbestimmt ich war, wie sehr äußere und innere Stimmen mich im Griff hatten und mich gängelten.

Der Umschwung ereignete sich und meine vielen inneren Kämpfe fanden ein Ende, als ich, fast 40-jährig, erkannte, dass Jesus mich liebte. Mich! Und nicht das Bild, das ich selbst geschaffen hatte, mit allen Mitteln am Leben hielt und das andere immer wieder bestätigen mussten.

Ich entdeckte, dass in mir selbst nicht Leere war. Das war wohl die ganze Zeit meine untergründige Angst gewesen. Jetzt konnte ich aufhören, vor mir selbst davonzulaufen. Ich begann, aus der eigenen Mitte heraus zu leben und ohne Skrupel das innere Beten zu pflegen.

Die Befreiung war enorm. Mehr und mehr wurde ich unabhängig von den fremden Erwartungen und von den Meinungen anderer. Heute würde ich vielleicht sagen: Meine Autonomie wuchs. Je größer mein Vertrauen und die Gewissheit wurden, dass Gott mit mir war, desto freier wurde ich. Die Qual, aus eigenen Kräften gut sein zu wollen, die Anstrengung, immer lieb Kind zu spielen, die Unfähigkeit, mich vertrauensvoll Gott zu überlassen – all das fiel von mir ab. »*›Inneres‹ Gebet ist – meiner bescheidenen Meinung nach – nichts anderes als ein freundschaftliches Treffen, bei dem wir oft und allein mit dem zusammen sind, von dem wir wissen, dass Er uns liebt.*« (Leben VIII, 5, 88)

Das klingt jetzt vielleicht sehr einfach. Aber ich mache in meiner Lebensbeschreibung deutlich, dass das so einfach natürlich nicht ist. Ich versuche dort den langen Weg des Gebetes zu beschreiben, die Anstrengungen des Anfangs, wenn der Verstand überaus aktiv ist und viele Erörterungen anstellt, so dass kaum eine Andacht möglich ist. Dann rede ich von der langsam einkehrenden Sammlung und von der Ruhe, und wie es schließlich zur Vereinigung mit Gott kommt. Dabei mache ich deutlich, dass es beim Beten nicht um Wohlgefühle geht, sondern darum, sich Gott zur Verfügung zu stellen, seine Gnade wirksam werden zu lassen, um dann aus dieser Gnade heraus zu handeln. Werke der Nächstenliebe, der Barmherzigkeit und des Friedens – die Früchte des Betens sind das Entscheidende.

Jede Art von Frömmelei war mir zuwider. Wie kostbar der Mensch ist, dass sich in seinem Innern ein Himmelreich auftut, das wollte ich meinen Mitschwestern und den Menschen, denen ich sonst begegnete, vermitteln. Zugleich lag es mir am Herzen, begreiflich zu machen, dass das ganze Leben

Gebet sein soll. Nie geht es um isolierte fromme Übungen, die das Leben ansonsten so lassen, wie es ist. Nein! Gottesliebe ohne Nächstenliebe ist undenkbar. Gebet ist ein existentieller Vollzug, der das gesamte Leben prägt. Wie ich selbst diesen Aufruf zu Werken zu verwirklichen suchte, indem ich – oft gegen viel Widerstand – den Orden des Karmel reformierte und neue Klöster gründete, auch das schildere ich in meiner Autobiografie. Durch sie und auch durch meine anderen Bücher, Briefe und Gedichte habe ich sogar lange nach meiner Zeit immer wieder Menschen zu einem wesentlicheren Leben angestiftet. Dafür sei Gott gedankt!

Unter den vielen, die sich von meiner Vita anrühren ließen, war auch Edith Stein. Mehr als 300 Jahre lag mein Leben bereits zurück. In der Zeit, als ihr meine Autobiografie in die Hände fiel, war sie bereits aufgeschlossen für religiöse Phänomene. Dennoch: sie war erklärtermaßen Atheistin. Vom Umgang mit Gott im oben genannten Sinn konnte bei ihr keine Rede sein.

Edith Stein führte ein ganz anderes Leben als ich. Sie war eine eher nach innen gekehrte Frau, Liebling der Mutter, sehr konzentriert, fleißig und ehrgeizig, weniger oberflächlich. Als Philosophin wollte sie den Dingen immer auf den Grund gehen. Und zwischen uns lagen völlig verschiedene gesellschaftliche, politische, kulturelle und geistige Welten. Doch trotzdem habe ich mit meiner Lebensbeschreibung bei ihr offene Türen eingerannt.

Die inneren Kämpfe, meine Ängste, die Todesschatten, von denen ich sprach – all das kannte auch sie nur zu gut. Dass nichts Vergängliches wirklich Trost verspricht, dass einem vertraute Menschen genommen werden und Beziehungen zerbrechen, dass Verstand und Denken allein die Wahrheit nicht erfassen können, das konnte Edith Stein bei der Lektüre meiner Vita sofort nachvollziehen. Was ich über das Gott-Mensch-Verhältnis schreibe, das klang für Edith Stein wie eine Verheißung. Genau danach hatte sie unbewusst gesucht, dahin zielte ihre geheime

Sehnsucht. Im Schweigen und Ablegen aller Vorurteile zur eigenen Personmitte vorzudringen, aus ihr heraus zu leben, sich von Gott leben zu lassen, das innere Beten zu pflegen – diese von mir empfohlenen Haltungen beherzigte sie fortan konsequent.

Sie wollte sogar meine Lebensweise als Karmelitin übernehmen. Dieser Wunsch ging aber erst mehr als zehn Jahre später in Erfüllung. So zeigte sie, dass auch außerhalb des Klosters ein Leben der Hingabe und des Gebetes möglich ist.

Edith Stein hat Schlüsselsätze über das innere Beten formuliert, die ganz meiner Intention entsprechen: »*Es muss … so sein, dass man sich ohne jede menschliche Sicherung ganz in Gottes Hände legt; umso tiefer ist dann die Geborgenheit.*« (Briefe, I, 211)

Als sie noch nicht im Kloster lebte, hielt sie öfters Vorträge. Dabei wollte sie vor allem das vermitteln, was ich als Freundschaft mit Gott bezeichnet habe: »*Es ist im Grunde nur eine kleine, einfache Wahrheit, die ich zu sagen habe: wie man es anfangen kann, an der Hand des*

Herrn zu leben.« (Briefe, I, 177) Dass Beten und Handeln, Gott und Welt zusammengehören, war Edith Stein nicht von Anfang an klar. Sie schreibt: »*Allmählich habe ich … einsehen gelernt, dass … selbst im beschaulichsten Leben die Verbindung mit der Welt nicht durchschnitten werden darf; ich glaube sogar: je tiefer jemand in Gott hineingezogen wird, desto mehr muss er auch in diesem Sinne ‚aus sich herausgehen', d. h. in die Welt hinein, um das göttliche Leben in sie hineinzutragen.«* (Briefe, I, 88)

Wie viel Kraft Edith Stein das Beten gegeben hat, belegen die Zeugnisse ihres Lebensendes. Bis zum Schluss hat sie sich um die Hilfsbedürftigen gekümmert, die zusammen mit ihr deportiert wurden. Den eigenen Tod vor Augen, sendet sie eine Notiz an ihre Priorin mit der Aussage: »*Konnte bisher herrlich beten*« (Briefe II, 178).

Im Unterschied zu mir fehlt Edith Stein fast ganz der Impuls, die Kirche zu reformieren. Das hängt sicher damit zusammen, dass sie nicht in diese Institution hineingeboren wurde. Für sie war die Kirche eher der Hafen, in dem sie nach manchem Suchen glücklich gelandet war. In dieser Hinsicht blieben ihr manche meiner Leiden und Reibereien erspart. Hier empfinde ich sie bisweilen sogar als zu unkritisch.

Doch unterm Strich: Edith Stein und lange zuvor ich selbst, wir beide wurden von der Kirche heilig gesprochen. Auf unsere unkonventionellen Lebensläufe als selbständige, eigenwillige, freie Frauen können sich fortan alle berufen, die wie wir in Gottes Namen aus vorgegebenen Rollen fallen. Jede von uns ist Kind ihrer Zeit. Jedes Leben ist einmalig. Nichts wiederholt sich. Aber dass wir Gott mehr gehorchen müssen als den Menschen und dass die Kirche immer erneuerungsbedürftig ist – das bleibt.

Irene Leicht

Teresa von Avila, geb. 1515, gest. 1582, Karmelitin, Ordensreformerin, Gründerin zahlreicher Klöster in Spanien, bedeutende Mystikerin. Vor allem ihre schriftlich niedergelegten und theologisch reflektierten Gebetserfahrungen und -hilfen trugen dazu bei, dass sie 1970 als erste Frau zur Kirchenlehrerin ernannt wurde.

Edith Stein, geb. 1891, gest. 1942, Philosophin; Schülerin und Assistentin des Phänomenologen Edmund Husserl, zum Christentum konvertierte Jüdin, Karmelitin, wurde im Konzentrationslager Auschwitz-Birkenau ermordet. Edith Stein wandte sich auf Grund von Teresas Lebensbeschreibung der katholischen Kirche zu. 1998 wurde sie heiliggesprochen.

Literatur: Sämtliche Schriften der hl. Theresia von Jesu, Bd.1: Leben von ihr selbst beschrieben. Neue dt. Ausgabe übersetzt von A. Alkofer, München 1952 [leicht veränderte Wiedergabe]; Edith Stein, Selbstbildnis in Briefen, 1. Teil: 1916–1933. Bearbeitung und Anmerkungen von M.A. Neyer, 2. vollständig neu bearb. und erw. Aufl., Freiburg – Basel – Wien 1998, (Edith Steins Werke, hg.v.L. Gelber und M. Linssen, Bd. VIII); Edith Stein, Selbstbildnis in Briefen, 2. Teil: 1934–1942, Freiburg – Basel – Wien 1977 (Edith Steins Werke, hrsg. v.L. Gelber und R. Leuven, Bd. IX).

GETRIEBEN VOM HUNGER

»VERWECHSELT NICHT EUREN BART MIT DER GOTTEBENBILDLICHKEIT!«

Marie de Jars de Gournay schreibt an Marcella von Rom

An Magistra Marcella!

Heute habe ich bei Hieronymus nach den Briefen gesucht, die er an euch Frauen in Rom geschrieben hat. Dabei bin ich auf den Nachruf gestoßen, mit dem er dich gewürdigt hat. [1]

Ich weiß im Moment nicht: Soll ich glücklich sein, so viel von dir zu hören, von deiner wissenschaftlichen Begabung und deinen

[1] Rund ein Viertel der Hieronymusbriefe sind an Frauen gerichtet, 18 Briefe an Marcella sind erhalten, in Brief 127, der als Quelle für die folgenden Überlegungen dient, setzt Hieronymus ihr ein Denkmal (Übersetzung: BKV 15, 180–194 bzw. Letsch-Brunner 247–256). Die jeweiligen Briefe der Frauen an ihn wurden nicht überliefert.

Fähigkeiten im Übersetzen, oder soll ich resignieren, da ich so viele Ähnlichkeiten zwischen dir und mir entdecke, Beeinträchtigungen aufgrund unseres Geschlechts, obwohl uns zwölf Jahrhunderte trennen?

Wie sehr müssen wir Frauen noch immer um Bildungschancen kämpfen! Deine Mutter wollte dich ja um jeden Preis wiederverheiraten und war besorgt um das Familiengut. Nachkommen zu gebären wäre deine Pflicht gewesen. Doch du hast dich für diese neue Lebensform der Askese entschieden. Du hast alle Konventionen und traditionellen Rollenvorstellungen außer Acht gelassen, weil dich ein unglaubliches Feuer der Begeisterung dazu antrieb, die biblischen Schriften zu studieren und die christliche Lehre zu erforschen. Dabei arbeitetest du unter äußerst ungünstigen Bedingungen: Der Bibeltext war verderbt und die Geistlichen in Rom waren ohne besondere theologische Bildung. Da wurde euch gleichsam dieser Hieronymus vom Himmel geschickt![2]

Freilich hatte er ziemliche Vorbehalte, Frauen zu wissenschaftlichem Studium anzuleiten und sich so manchem Spott auszusetzen. Doch bald wusste er deinen glänzenden Intellekt zu schätzen. Manchmal war er wohl überfordert. Was du alles von ihm wissen wolltest, welche Fragen du stelltest, auf welche Textprobleme du ihn aufmerksam machtest! *Dum interrogas, doces! – Indem du fragst, lehrst du!* (Brief 59,1) Ja, er war fair genug zu erkennen, dass nur wenige Männer über vergleichbare Qualitäten verfügten wie ihr sie aufzuweisen hattet. Auf den *Geist* und die Gelehrsamkeit kommt es an, nicht auf das *Geschlecht*.

Trotz deiner familiären Verpflichtungen und des großen Haushalts bist du in deiner spärlichen Freizeit ganz systematisch vorgegan-

---

[2] Hieronymus kommt 382 nach Rom, wird Berater von Papst Damasus, beginnt mit der Revision des lat. Bibeltextes bzw. der Übersetzung aus dem Hebräischen ins Lateinische, der sog. Vulgata. 384 wird er aus Rom vertrieben.

gen, wolltest hebräische Wendungen erklärt haben, hast die exegetischen Vorschläge genau geprüft. Nicht nur du und die anderen Frauen in eurem Kreis haben von Hieronymus gelernt. Auch er hat eure Mitarbeit bei seiner Bibelübersetzung gebraucht und sich mit so mancher Erkenntnis von euch geschmückt – typisch Mann! In euch hatte er auch eine emotionale Stütze in Rom, die er dringend nötig hatte, wo er doch überall so leicht »angeeckt« ist.

Du hast deine Erkenntnisse nicht egoistisch für dich behalten. Du gabst sie weiter an junge Mädchen und warst Lehrerin in deiner Frauengemeinschaft auf dem Aventin, die geradezu als theologisch-philosophische Hochschule betrachtet werden kann. Wie sehr warst du deiner Zeit voraus!

Und nach dem Weggang des Hieronymus aus Rom warst du die exegetische Autorität und hast eigenständig Exegese betrieben. Inzwischen hattest du dir eine ansehnliche Bibliothek aufgebaut. Dennoch musstest du Vorurteile und Missachtungen als Frau mit hoher Intelligenz ertragen und hast oft deine Meinung als die des Hieronymus ausgegeben, um keinen Anstoß zu erregen bei den ewig Gestrigen, die nichts Besseres wissen als Paulus zu zitieren.

Dich stellen Männer gerne in den Schatten dieses Hieronymus, genauso wie sie mir vorwerfen, meine Beziehung zu Montaigne zu meinem Vorteil »benutzt« zu haben. Gerne stempeln uns die Männer als Ausnahme ab. Du wirst ja geradezu als Exoticum gehandelt in all den Katalogen über gebildete Frauen.

Was hat sich nun für uns Frauen in all den Jahrhunderten verändert? Noch immer kämpfen wir um den Zugang zur Bildung und die Anerkennung unserer geistigen Fähigkeiten. Wenn Frauen nicht an Männer heranreichen, dann aus Mangel an Unterweisung und Ausbildung. Das ist doch nur eine Frage der Möglichkeiten und des sozialen Milieus. Daher ist ja der Bildungsunterschied unter Frauen oft größer als zwischen Männern und Frauen. Durch gleiche Erziehung wäre der Niveauunterschied schnell zu beheben.

Immer wieder müssen wir den »guten« Augustinus ins Treffen führen, der uns Frauen die Gottebenbildlichkeit zugesteht und daher die Bildungsfähigkeit (De trin. 12,7), während andere Männer gerne ihren Bart als Garantie für diese Gottähnlichkeit betrachten.

Wird uns Frauen jemals der Durchbruch gelingen? Werden wir jemals ein Leben nach unseren Vorstellungen führen können? Autodidaktin bin ich, die Ehepläne meiner Mutter konnte ich mit Mühe abwehren, aber mein Privatleben wird von allen beäugt, obwohl ich meine familiären Verpflichtungen peinlichst erfülle.

Du, Marcella, kannst beurteilen, wie schwierig Editionsarbeit für Frauen ist. Gewiss hat Montaigne unter meinem Einfluss seine negative Einschätzung von uns Frauen abgeschwächt. Aber da werfen sie mir gleich Fälschung vor!

Genug des Lamentierens – ich habe die Vision, dass eines Tages die Kette unserer Frauentradition nicht mehr zu durchbrechen sein wird.

Im gemeinsamen Anliegen verbunden
Marie

Anneliese Felber

Marie de Jars de Gournay (1565–1645), eine französische Adelige, reklamiert Bildung für Frauen unter Hinweis auf frauenfreundliche Traditionen der Antike sowie biblische und patristische Beispiele. Marie verbindet eine Freundschaft mit Montaigne und ediert seine Essais. In ihrer Gleichheitsschrift (Egalité des hommes et des femmes) von 1622 vertritt Marie de Gournay kompromisslos die These von der Gleichheit der Geschlechter und wendet sich gegen die Fremdbestimmung von Frauen. Eine ihrer frühchristlichen Vorbilder ist die kritisch-rationale Denkerin **Marcella** in Rom (ca. 320–410), die auch Gesprächs- und Briefpartnerin von Hieronymus war. Im neuzeitlichen Kampf um Bildungsmöglichkeiten und die Wissenschaftsfähigkeit von Frauen wird immer wieder auf den Frauenkreis in Rom verwiesen, dem Marcella, Paula, Eustochium und viele andere angehörten.

Literatur: Karin Sugano, Marcella von Rom, in: Michael Wissemann (Hrsg.), Roma renascens. FS Ilona Opelt, Frankfurt a.M. 1988, 355–370; Silvia Letsch-Brunner, Marcella – Discipula et Magistra, Berlin 1998; Elisabeth Gössmann, Das wohlgelahrte Frauenzimmer, München ²1998, 33–53 (Marie de Gournay).

FREI WERDEN

Johanna Naber über Angélique Arnauld

Meine väterlichen Vorfahren stammen aus Deutschland, meine mütterlichen Vorfahren waren Hugenotten, die 1679 aus Frankreich in die Niederlande geflohen sind. Ich wurde am 25. März 1859 in Haarlem geboren. Obwohl die Flucht aus Frankreich da schon fast zweihundert Jahre zurücklag, wurde bei uns zu Hause noch immer viel französisch gesprochen und der Pfarrer, der mich taufte, gehörte der französischen reformierten Gemeinde an. Vielleicht hat darin mein Interesse für die Geschichte Frankreichs seinen Ursprung.

Ich war bei meiner Geburt sehr klein und konnte wegen eines Hüftleidens nie gut laufen. Wohlbehütet wuchs ich als Bürgermädchen und Professorentochter auf – wohlbewacht könnte man es auch nennen. Denn ohne Begleitperson durfte ich nicht aus dem Hause gehen.

Da ich nie heiratete und bei meinen Eltern wohnte, blieb ich sehr lange finanziell von ihnen abhängig. Durch meinen Vater bekam ich eine gute Ausbildung. Durch ihn hatte ich die Universität im Haus, denn studieren durfte ich nicht.

Das Leben als junge Dame mit all seinen gesellschaftlichen Verpflichtungen langweilte mich ungeheuer. Um ihm zu entkommen, fing ich an zu schreiben. 1887 gewann ich zum Erstaunen meiner Eltern einen Preis für mein Buch über das Kunststicken, das ich unter dem Pseudonym der mittelalterlichen Äbtissin Reglindis aus dem 8. Jahrhundert schrieb.

Über den Stickunterricht kam ich in Kontakt mit der Frauenbewegung, ein Kontakt, der sich durch mein Engagement für das Frauenwahlrecht und die Frauenarbeit noch vertiefen sollte. Später wurde ich zu den führenden Persönlichkeiten der Frauenbewegung gezählt. Ich habe 1935, sechs Jahre vor meinem Tod, das »Internationale Archiv der Frauenbewegung« in Amsterdam mitgegründet und gelte aufgrund meiner historischen Arbeiten als Begründerin der wissenschaftlichen Erforschung des Feminismus.

Durch mein Erstlingswerk bin ich auf den schriftstellerischen Geschmack gekommen und habe mehrere Biografien über einflussreiche Frauen in der frühmodernen Zeit geschrieben. Ich wollte nie eine »Heldinnengeschichte« schreiben; aber Angélique Arnauld und die Nonnen von Port Royal haben mich Zeit meines Lebens fasziniert. Manche fanden es ja schon seltsam, dass ich als reformierte Frau so viel und so positiv über Katholikinnen und ihren Streit mit Kirche und König geschrieben habe!

Als ich die Geschichte des Zisterzienserinnenklosters Port-Royal verfasste, war ich dreißig Jahre alt und wohnte noch bei meinen Eltern. Es fing damit an, dass ich im Studierzimmer meines Vaters einige Werke von Blaise Pascal las und dabei so beeindruckt von der Äbtissin des Klosters Port-Royal war, dass ich beschloss, eine Biografie über sie zu schreiben.

Ich war damals noch ziemlich unerfahren, es war ja meine erste historische Studie. Kritiker haben mir denn auch vorgeworfen, ich hätte zu wenig Distanz zu meiner Hauptperson gewahrt. Mich hat das nicht sonderlich gestört, denn ich gebe gerne zu, dass Angélique Arnauld und die Nonnen von Port-Royal mich inspiriert haben und mir in einer kritischen Lebensphase Kraft für meinen eigenen Lebensweg gegeben haben. Es tat mir gut, hier Frauen zu finden, deren Unverheiratetsein nicht nur gesellschaftlich akzeptiert war, sondern ihnen auch beträchtliche Handlungsräume verschaffte.

Als mein Buch über Port-Royal 1924 in einer überarbeiteten Fassung erneut erschien, habe ich den Ehezwang in meiner eigenen Zeit unverhüllt angeprangert. Evangelische Frauen hatten im Gegensatz zu katholischen kaum Möglichkeiten, ihm zu entkommen. Für sie gab es den Weg ins Kloster nicht, wo unverheiratete Frauen über sich selbst verfügen und eine Form der Mutterschaft leben können, die nicht an eigene Kinder gebunden ist.

Jetzt möchte ich etwas über Angélique Arnauld erzählen. Sie ist heute vielen unbekannt, aber ich meine, dass sie als Klosterreformerin der großen Teresa von Avila nicht an Bedeutung nachsteht. Jacqueline Arnauld wurde am 8. September 1591 geboren und siebenjährig von ihren Eltern ins Kloster gegeben. Als Mère Angélique wurde sie schon im Alter von elf Jahren Äbtissin des in der Nähe von Versailles gelegenen Klosters Port-Royal.

In der damaligen französischen Gesellschaft war dies eine beliebte Art, Töchtern eine gute Erziehung angedeihen zu lassen und sie materiell zu versorgen. Das Leben im Kloster ähnelte damals eher dem höfischen Leben: Die Stundengebete wurden heruntergebetet, die Nonnen trugen modische Kleidung, und Besucher kamen und gingen, wie es ihnen passte.

Angélique Arnauld fühlte sich mehr und mehr unwohl mit dieser Art des Lebens. Nach einer mystischen Erfahrung, während der für sie »*das Morgenrot des geistlichen Lebens anbrach*«, begann sie ab 1609, das Kloster zu reformieren. Im Einvernehmen mit den anderen Nonnen, die sie für ihre Pläne zu gewinnen wusste, führte sie die Klausur, die Gütergemeinschaft und das Tragen der Ordenstracht wieder ein. Ihre Pläne stießen bei ihren Eltern anfänglich nicht auf Zustimmung. Angélique Arnauld schrieb darüber an ihren Bruder: »*Meine Eltern haben mich nicht um Rat gefragt, als sie mich zur geistlichen Schwester gemacht haben; ich werde es auch nicht tun, jetzt, wo ich als geistliche Schwester leben möchte … Jesus Christus ist mein Vater, meine Mutter und mein Bruder.*«

Der 25. September 1609 gilt als Tag der Reform von Port-Royal: An diesem »Tag der Luke« (»journée du guichet«) verweigerte Angélique Arnauld ihrem Vater den Zutritt zum Kloster. Er durfte das Kloster nicht mehr betreten, sondern lediglich durch eine Luke in der Klosterpforte mit seiner Tochter sprechen. So hatte die Tochter konsequent den Willen ihres Vaters zu Ende geführt, was diesem jedoch überhaupt nicht recht war. Denn durch die Reform ihres Klosters gewann Angélique Arnauld ihre

Unabhängigkeit und schob seiner väterlichen Autorität einen Riegel vor.

Das Kloster gewann nach der Reform eine große spirituelle Ausstrahlung und die Zahl der Nonnen wuchs schnell. Unter ihnen befanden sich mehrere Schwestern und Nichten und – nach dem Tod des Vaters 1619 – auch die Mutter der Reformerin. Der Abt von Saint-Cyran wurde Beichtvater. Seine Spiritualität, die beeinflusst war von Bischof Cornelius Jansenius, betonte die innere Glaubenserfahrung und die Nichtigkeit des Menschen.

Nicht nur Frauen, sondern auch Männer zog das Kloster an. Die Männer lebten im Umkreis des Klosters als »Solitaires« (Einsame). Hier entstand die erste moderne Übersetzung der Bibel ins Französische. In der Geschichtsschreibung wird oft der Beitrag der Männer in den Vordergrund gestellt. Er ist sicher von allergrößter Bedeutung, aber man darf nicht vergessen, dass das Kloster der Nonnen von Port-Royal der Mittelpunkt dieser Bewegung war.

Nach der Veröffentlichung von Jansenius' Buch *Augustinus* (1640) entstand ein Konflikt über seine Interpretation der Gnadenlehre, in den auch das Kloster hineingezogen wurde. In seinen »Briefen in die Provinz« (1656–1657) verteidigte Blaise Pascal das Kloster gegen die Jesuiten, die Port-Royal als »jansenistisches« Zentrum verleumdeten. Im Konflikt zwischen den Verteidigern und Verteidigerinnen des Jansenius, den Jesuiten, mehreren Päpsten und dem französischen König hielt das Kloster stand und musste deshalb Repressalien und Verfolgung ertragen.

1709 wurden die letzten Nonnen in andere Klöster verbannt, und auf Befehl König Ludwigs XIV. wurde die Abtei verwüstet. 1711 ließ er aus Angst vor Wallfahrten sogar die Leichen auf dem Friedhof ausgraben und in ein Massengrab bringen.

Angélique Arnauld hat dies nicht mehr erlebt; sie starb bereits 1661.

Ich wollte die Geschichte der Nonnen nicht als Geschichte der kirchlichen Institutionen oder der religiösen Polemik beschreiben, sondern ihre Erfahrungen als Vertreterinnen einer von Jansenius geprägten Spiritualität sichtbar machen. Ich habe die Geschichte dieses Klosters im Lichte des Kampfes dieser Frauen interpretiert.

Der Einfluss Angéliques Arnaulds reichte weit über die Klostermauern hinaus. Wenn ich meine und ihre Situation miteinander vergleiche, stelle ich fest, dass diese Nonnen in manchen Punkten viel mehr Bewegungsspielraum hatten als unsereins. Während wir mühsam um die höhere Schulbildung von Mädchen und für die Lehrerinnenausbildung kämpfen mussten, haben sie in den so genannten »Kleinen Schulen« unterrichtet und ihre geistigen und geistlichen Ideale verwirklicht und an die kommende Generation weitergegeben. Dabei besaßen sie eine bewundernswerte Kenntnis der Schrift und der Kirchenväter.

Und – sie hatten mehr Rechte als wir Frauen des 19. Jahrhunderts. 1630 bekamen die Nonnen auf Betreiben Mère Angéliques das Recht, alle drei Jahre die Äbtissin neu zu wählen. Davor hatte der König das Ernennungsrecht.

Acht Jahre nachdem ich das Buch über die Nonnen von Port-Royal geschrieben hatte, fing ich selbst an, mich für das politische Frauenwahlrecht einzusetzen. Es war 1898, das Jahr, in dem Wilhelmina Königin der Niederlande wurde. Das Vorbild von Angélique Arnauld hat mich in meinen feministischen Gedanken bestärkt: Frauen haben das Recht auf Bildung, auf Unabhängigkeit und das Recht zur Wahl! Uns wird ja immer wieder vorgehalten, wir seien das schwache Geschlecht. Aber wenn ich sehe, mit welcher Begabung eine Mère Angélique das Kloster als Äbtissin geleitet hat, dann kann ich nicht glauben, dass Frauen keine politischen Führungsqualitäten haben sollen. Mein Buch über sie habe ich nicht zuletzt deswegen »Kracht in Zwakheid« (Kraft in der Schwachheit) genannt. Es greift ein Paulus-zitat auf (2 Kor 12, 1–10), in dem er unter anderem sagt: »*Denn wenn ich schwach bin, bin ich stark.*«

Ich habe Angélique Arnauld wegen ihrer Tatkraft immer bewundert; sie war nur Gott ergeben, aber nicht anderen Menschen. Sie ist ihrer inneren Stimme gefolgt, hat getan, was zu tun war und blieb standhaft bei ihren Überzeugungen. Sie hat mich mehr inspiriert als ihre Schwester Agnès, die wie sie lange Zeit Äbtissin des Klosters war. Aber Mère Agnès war mir zu mystisch.

Mère Angélique hat mich mein ganzes Leben lang begleitet. Für mich ist sie eine der Vor-Mütter der Frauenbewegung. Sie war in Krisenzeiten ein Symbol für katholische Reform. In der alt-katholischen Kirche ist sie bis heute hoch angesehen. Für mich selbst ist sie ein Beispiel dafür, dass Menschen frei werden können, indem sie ihrer inneren Stimme folgen.

Angela Berlis

Johanna Naber (1859–1941), Historikerin, Vorkämpferin des Frauenwahlrechts in den Niederlanden, Mitbegründerin des dortigen Nationalen Frauenrats, 1935 Mitbegründerin des »Internationalen Archivs der Frauenbewegung« in Amsterdam.

Jacqueline-Marie Arnauld (1559–1661), Klostername Mère Angélique, Äbtisssin und Reformerin des Zisterzienserinnenklosters Port Royal bei Versailles.

Literatur: Johanna W. A. Naber, Kracht in Zwakheid, 2 Bände, Amsterdam: F. W. Egeling 1890–1892; dies., De Nonnen van Port-Royal, Haarlem: H.D. Tjeenk Willink en Zoon 1924; Maria Grever, Strijd tegen de stilte. Johanna Naber (1859–1941) en de vrouwenstem in geschiedenis, Hilversum: Verloren 1994.

»ICH BIN STOLZ AUF MEINE LIEBLINGSSCHÜLERIN«

Luise Hensel über Pauline von Mallinckrodt

Ich erinnere mich noch gut an das kleine Mädchen, das rasch zu meiner Lieblingsschülerin wurde. Intelligent, wach, neugierig sog die kleine Pauline alles auf, was ich ihr beibringen konnte – während der Schulstunden und danach im kleinen Kreis in meinem Zimmer. Und ich, welche Lust hatte ich an diesem Unterricht!

Als Dichterin hatte ich nicht zuletzt durch mein »*Müde bin ich, geh zur Ruh*« gewissen Ruhm erlangt. Und nun war ich mit Ende 20 leitende Lehrerin an der Städtischen Höheren Mädchenschule St. Leonhard in Aachen, eine wunderbare Arbeit, vielleicht die beste Zeit in meinem Leben – und übrigens die erste und einzige Stelle, für die ich ein richtiges Gehalt erhielt und durch die ich finanziell unabhängig war.

Die leidigen Finanzen waren offiziell daran schuld, dass ich 1832 nach acht Jahren beglückender Arbeit mit den Mädchen entlassen wurde. Angeblich seien zu wenige Schülerinnen vorhanden, hieß es, jedoch vermute ich immer noch, dass die Schulkommission unserem Erziehungskonzept misstraute. Manchen Eltern, auch Paulines Vater, ging mein Einfluss auf die Mädchen zu weit, sie hielten meinen »religiösen Eifer« für übertrieben. Hätte ich die Selbstsicherheit und Hartnäckigkeit gehabt, die Pauline später im Umgang mit Behörden an den Tag legte, vielleicht hätte ich mich wirkungsvoller meiner Entlassung widersetzen können. Wer weiß?

Zu Pauline brach der Kontakt freilich nicht ab. Sie schrieb mir aus ihrem Pensionat in Lüttich, das sie ab 1832 besuchte, sie schrieb mir von ihren Reisen nach Belgien und Frankreich, schrieb von ihren Plänen, das kaum vorstellbare Elend besonders der Kinder von Arbeiterinnen bekämpfen zu wollen. Ich war stolz darauf, zu sehen, wie sensibel sie, als Tochter eines preußischen Regierungsbeamten ohne Geldsorgen aufgewachsen, für die soziale Frage war, die ja wohl das Hauptproblem unseres 19. Jahrhunderts ist.

Das hatte ich meinen Schülerinnen beibringen wollen: eine tiefe Gläubigkeit als Boden für praktische Nächstenliebe. Ohne »Caritas«, also tatkräftige Liebe vorrangig zu den Armen, kann doch unser Glaube nicht bestehen. An den verschiedensten Orten meines eigentlich recht heimatlosen Lebens habe ich versucht, Frauen für das karitative Engagement zu gewinnen. Dankbar denke ich zurück an die Aufbauzeit als Krankenpflegerin im neuen »Bürgerhospital« in Koblenz oder an mein Kölner »Armenkränzchen«, eine von Frauen getragene Organisation der offenen Armenpflege. Auch meine Aachener Schülerinnen, allen voran Pauline, konnte ich dafür begeistern, mit Leidenschaft und Fantasie auf der Seite der Armen zu arbeiten, auch wenn die Eltern meiner Zöglinge das nicht immer gern sahen.

Aber wie bescheiden erscheinen mir meine karitativen Bemühungen, wenn ich sie mit dem Lebenswerk meiner ehemaligen Schülerin Pauline von Mallinckrodt vergleiche. Woher hat diese Frau nur ihre erstaunliche Kraft und Zähigkeit genommen? Dass sie sich ein abhängiges Leben als Ehefrau nicht vorstellen konnte, mag ich noch mit beeinflusst haben.

Ich selbst hatte ja damals, als ich blutjung in den Berliner Salons das gesellschaftliche und literarische Leben genoss, viele leidenschaftliche Verehrer. Selbst den Antrag des stürmischen Clemens von Brentano schlug ich aus und entschied mich gegen die Ehe und für ein jungfräuliches Leben. Auch Pauline hat dann später einen vorteilhaften Heiratsantrag abgelehnt, um ihr Leben selbst bestimmen zu können.

Wie ein Motto steht der Satz über Paulines Leben: »Liebe will getan werden«. Eine abstrakte Gottesliebe gibt es für sie nicht, sie findet den einzigen Weg zur Gottesliebe in der Nächstenliebe. Obwohl nach dem Tod der Mutter für ihre jüngeren Geschwister verantwortlich, gründete sie mit 20 Jahren einen »Verein zur Pflege armer Kranker in ihren Häusern« und einen »Verein von Krankenpflegerinnen zu freiwilligen Nachtwachen«. Bald hatte sie einen Kreis engagierter Frauen um sich versammelt.

Mit Ironie berichtete mir Pauline immer wieder von der Skepsis, mit der ihr »Frauen-Verein« beäugt wurde: »*Die Armen-Kommission war eigentlich auf diesen Frauenverein nicht gut zu sprechen. Aber wir sind allerorten so gewaltig höflich. Wir haben unser Wirken dadurch eröffnet, dass wir ein allerhöflichstes Schreiben an den Präsidenten der Armenkommission gerichtet und ihn gebeten haben, das Protektorat unseres Vereins übernehmen zu wollen…*«

Diese verschmitzte Strategie ist bezeichnend: Erst müssen wir Frauen den hochrangigen, männlichen Amtsträgern schmeicheln und ihnen die Furcht vor etwaiger Konkurrenz nehmen, ehe uns gestattet wird zu tun, was doch so nötig ist!

Das Elend der Kinder war ein besonders dringendes Problem der Zeit. Gerade die Kinder von Arbeiterinnen mussten tagsüber oft allein und völlig verwahrlost aufwachsen oder gar selbst arbeiten. Was tat meine Pauline dagegen? Mit 23 Jahren gründete sie in Paderborn eine »Kleinkinder-Bewahrschule« als Tagesheimstätte für Kleinkinder von Arbeiterinnen und kranken Frauen und erfand damit eine Art Kindergarten. Als 1842 zwei blinde Kinder in die »Bewahrschule« aufgenommen wurden, richtete Pauline ihre Aufmerksamkeit auf die besondere Not dieser Kleinen. Sie erlernte die Blindenschrift, entwickelte fantasievolle Materialien und versuchte, die Kinder zu unterrichten.

Damals fragte mich Pauline brieflich an, ob ich nicht in ihrer Bewahrschule mitarbeiten wollte. Noch heute grübele ich darüber nach, was aus meinem Leben geworden wäre, hätte ich diese reizvolle Aufgabe angenommen. Doch ich lehnte ab, hatte ich mich doch gerade in Köln verpflichtet, drei Waisenkinder einer Kaufmannsfamilie zu betreuen.

In meiner Kölner Zeit wuchs mein Wunsch, Ordensfrau zu werden. Auch Pauline konnte sich ein Leben in einem aktiven Orden vorstellen. Gleichzeitig aber wollte sie ihre blinden Schützlinge nicht im Stich lassen. Vergeblich suchte sie eine Ordensgemeinschaft, die bereit wäre, mit der neuen Schwester auch gleich die Betreuung der Blinden zu übernehmen. Während ich jedoch meine Ordenspläne nach einigen Enttäuschungen resigniert aufgab, fand Pauline einen ebenso erstaunlichen wie nahe liegenden Ausweg aus ihrem Dilemma: Sie gründete im Jahr 1849 eine eigene Ordensgemeinschaft! Mit drei Gefährtinnen schloss sie sich zusammen zur Kongregation der »Schwestern der Christlichen Liebe«, so der vielsagende Name der Gemeinschaft.

Anders als ich hatte Pauline somit die Lebensform gefunden, die ihr entsprach. Der Hauptschwerpunkt ihrer rasch wachsenden Gemeinschaft lag auf der Blindenarbeit, aber daneben sahen die Schwestern ein weiteres Feld, in dem kirchliches Engagement nach wie vor dringend vonnöten schien: die Erziehung und Bildung katholischer Mädchen.

Pauline von Mallinckrodt, dankbar für ihre eigene sehr gute Bildung, erkannte weitsichtig die Bedeutung einer qualifizierten Bildung aller Mädchen, und nicht nur der von »höheren Töchtern«.

Nach hartnäckigen Verhandlungen mit der preußischen Regierung erreichte sie, dass ihre Schwestern als Lehrerinnen Zutritt an private wie staatliche Schulen bekamen. Jedoch sollte dieses rasch blühende und offensichtlich so notwendige Engagement schon bald äußerst bedroht werden. Für Paulines Schwesterngemeinschaft spitzte sich der politische Konflikt des Kulturkampfes mit dramatischen Folgen zu:

1872 trat das Ausweisungs- und Sperrgesetz in Kraft, das die Mitglieder geistlicher Gemeinschaften von schulischen Stellen ausschloss. Zwar blieb ihnen karitative Tätigkeit erlaubt, nicht aber eine Arbeit an Schulen.

Damit war Paulines Arbeitsbereich im Kern getroffen. Die Schwestern der Christlichen Liebe mussten eine Schule nach der anderen aufgeben. Als 1873 generell das Verbot der Ordensgemeinschaften erlassen wird, schien Paulines Werk völlig vernichtet.

Die antikirchliche Atmosphäre des Kulturkampfes hat mich schwer bedrückt, ich verstand die Welt nicht mehr. Nun war ich schon über 70 und recht gebrechlich, hatte nicht einmal mehr eine eigene Wohnung. Wie war ich froh, dass Pauline mich in das Paderborner Haus ihrer Gemeinschaft aufnahm, wo ich nun meinem Lebensabend verbringe.

Mit Stolz beobachte ich, dass Pauline von Mallinckrodt nicht resigniert hat: Sie geht auch schon auf die 60 zu und fängt noch einmal von vorne an. Wenn man ihre Arbeit in Deutschland nicht mehr haben will, meint sie, so gibt es ja noch andere Länder mit großem Bedarf an Hilfe für die Schwachen!

Pauline macht sich jetzt daran, mit ihren Schwestern neue Niederlassungen im Ausland zu gründen. Schon arbeiten Schwestern der Christlichen Liebe in Belgien, Böhmen und Liechtenstein, in den USA und in Chile.

Ich wünsche ihr viel Kraft für diese Aufgabe, meiner Lieblingsschülerin Pauline von Mallinckrodt.

Annegret Langenhorst

Luise Hensel, geb. 30.3.1798 in Linum (Brandenburg), gest. 18.12.1876 in Paderborn, in den Berliner Literarischen Salons als junge Dichterin bekannt geworden, 1818 heimliche Konversion zum Katholizismus, Tätigkeit als Erzieherin und Lehrerin in Aachen, Koblenz und an vielen anderen Wegstationen, starkes karitatives Engagement.

Pauline von Mallinckrodt, geb. 3.6.1817 in Minden, gest. 30.4.1881, Schülerin von Luise Hensel in Aachen, wach für die soziale Frage gründete sie in Paderborn so genannte Kleinkinderbewahrschulen und 1849 eine eigene Ordensgemeinschaft, die Schwestern der Christlichen Liebe, die sie auch gegen die Wirren des Kulturkampfes zu internationalem sozialem Engagement führte.

Literatur: Käthe Sander-Wietfeld, Pauline von Mallinckrodt. Ein Lebensbild nach ihren Briefen und Aufzeichnungen, Paderborn 1985, (Zitat: S. 23); Barbara Stambolis, Luise Hensel (1798–1876). Frauenleben in historischen Umbruchszeiten Köln 1999; Irene Schmale (Hrsg.), Anstifterinnen. Was die Kirche den Frauen verdankt, Düsseldorf 1999.

POLITIK ALS LEBENSAUFGABE

Eine Talkrunde mit Helene Weber und María Elena Moyano

Moderatorin: Guten Abend, meine Damen und Herren! Unser Thema heute ist »Politik als Lebensaufgabe«. Zu Gast im Studio zwei große Frauen, die je auf ihre Weise ihr Leben eingesetzt haben für eine Politik von Frauen und für Frauen. In ihrem Leben hatten sie leider nie Gelegenheit, sich zu begegnen. Sie sind getrennt durch Kontinente; die eine starb, als die andere gerade vier Jahre alt war. Ihre Lebenswelten und ihre persönlichen Voraussetzungen waren sehr unterschiedlich, aber verbunden sind sie in ihrem Bemühen um bessere und gerechtere Lebensbedingungen vor allem für Frauen. Motiviert und getragen wurden beide in ihrem Engagement durch ihren christlichen Glauben. Ich begrüße Helene Weber aus Deutschland und María Elena Moyano aus Peru.

Frau Weber, darf ich mich zunächst an Sie als die Ältere von Ihnen beiden wenden: Sie wurden 1881 in Elberfeld geboren und haben seit 1900 zunächst als Volksschullehrerin gearbeitet. Dem schloss sich ein Studium der Geschichte, Philosophie, Romanistik und der Sozialpolitik an. 1916 wurde Sie dann vom Schuldienst beurlaubt, um die von Ihnen mitbegründete Soziale Frauenschule des Katholischen Deutschen Frauenbundes in Köln zu leiten. Warum haben Sie sich auf diese Aufgabe eingelassen, wo Ihnen eine Beamtenlaufbahn sicher war?

Weber: Wissen Sie, ich hatte immer die Not der Menschen um mich herum im Blick. Die Frage, wie den Ärmsten z.B. in den Industriegebieten an Rhein und Ruhr geholfen werden kann, hat mich auch während meiner Ausbildung und meines Studiums nie losgelassen. Mir wurde bald klar, dass die Zahl der ehrenamtlich wirkenden Männer und Frauen auf diesem Gebiet viel zu klein war und dass die Freiwilligen, die sich einsetzten, dringend einer qualifizierten Ausbildung bedurften. Diese Erkenntnis war Anlass dafür, die Katholische Soziale Frau-

enschule zu gründen. Als die Sache dann so weit war, habe ich mich selbstverständlich auch persönlich dafür eingesetzt, dass alles gut lief.

Moderatorin: Nun möchte ich zunächst unseren zweiten Gast begrüßen. Herzlich willkommen María Elena Moyano. Sie wurden 1958 in Lima als eines von sieben Geschwistern geboren. In Ihrer Autobiografie beschreiben Sie, dass die Trennung der Eltern und der damit verbundene zwangsweise Umzug nach Villa El Salvador für Sie das abrupte Ende der Kindheit bedeutete. Diese Stadt sollte für Sie von größter Bedeutung werden, denn dort wurde die soziale Frage ihre Lebensaufgabe. Vielleicht beschreiben Sie kurz warum.

Moyano: Um dies zu verstehen, muss man wissen, dass Villa El Salvador 1971 aufgrund der zwangsweisen Umsiedlung von 2300 Familien in ein 20 km südlich von Lima liegendes Wüstenareal entstanden ist. Es ist eine der so genannten »pueblos jovenes«, wie die Slums rund um Lima beschönigend heißen.

Als die Menschen dort ankamen, gab es rein gar nichts außer Sand und Staub. Ein Überleben war nur möglich durch nachbarschaftliche Hilfe und durch konsequente Selbstorganisation. Auch für mich war es frustrierend, in eine Wüste zu kommen. Doch vom ersten Moment gab es hier viel zu tun, und ich wusste, dass ich gebraucht wurde.

Moderatorin: Was konnten Sie tun?

Moyano: Schon als 15-Jährige habe ich freiwillig in einer Kinderkrippe bei einem UNICEF-Vorschulprogramm mitgearbeitet. Meine Mutter hat großen Wert darauf gelegt, dass ich studiere, Jura. Doch ich habe mich heimlich auch für Soziologie eingeschrieben. Trotzdem war ich im Studium nie ganz bei der Sache. Die drängenden Probleme in Villa El Salvador beschäftigten mich mehr. Nach zwei Jahren habe ich das Studium aufgegeben und mich in verschiedenen Sozialprojekten engagiert.

Moderatorin: Sie sind beide von der sozialen Frage zu einem aktiven politischen Engagement gekommen?

Weber: Bei mir war es so, dass ich mich zusehends in die Politik gewandt habe, als mir klar wurde, dass dort der Ort ist, wo die weitverzweigten Ursachen der gesellschaftlichen Probleme behoben werden müssen. Wenn ich langfristig und sehr weitreichende Veränderungen herbeiführen will, darf ich nicht an Symptomen herumkurieren, sondern muss bei der Gesetzgebung mitarbeiten und um deren Umsetzung kämpfen.

Moderatorin: Auf diesem Gebiet waren Sie außerordentlich erfolgreich. Was haben Sie gemacht?

Weber: Ja, das waren spannende Zeiten. Sie müssen sich vorstellen, dass Frauen bis 1918 um ihr aktives und erst recht um ihr passives Wahlrecht gekämpft haben. Am 6. Februar 1919 kamen Frauen zum ersten Mal in die verfassunggebende Nationalversammlung. Das Zentrum, die Partei, zu der ich gehörte, hatte unter den 90 Mandatsträgern immerhin sechs Frauen. Drei Jahre, von 1921 bis 1924, war ich Mitglied im Preußischen Landtag, von 1932 bis 1933 im Reichstag. Das war mein Nebenberuf oder, wie man heute sagen würde, mein Ehrenamt. Im Hauptberuf habe ich von 1920 bis 1933 als Ministerialrätin im Preußischen Ministerium für Volkswohlfahrt gearbeitet.

Moderatorin: Wie fühlten Sie sich als Pionierin?

Weber: Ach Pionierin! Ich habe eine Aufgabe gesehen und versucht, nach besten Kräften und Möglichkeiten daran mitzuwirken. Dazu braucht man Zähigkeit und Glück. Schließlich war es schön zu erleben, dass es unter den wenigen Frauen im Parlament einen guten Zusammenhalt gab.

Moderatorin: Frau Moyano, auch Sie haben politisch Karriere gemacht.

Moyano: Ich glaube, das lässt sich nicht vergleichen. Ich bin nur stellvertretende Bürgermeisterin geworden.

Moderatorin: Bloß? - Na, ich bitte Sie! Mit Ihrer ersten Bemerkung haben Sie allerdings Recht. In vielerlei Hinsicht lassen sich die Umstände, unter denen Sie beide gearbeitet haben, und die Wege, die sich daraus für Sie und für Frau Weber ergeben haben, nicht vergleichen. Aber bitte, beschreiben Sie Ihren Weg in die Politik.

Moyano: Ich habe mich vor allem in der Frauenbewegung engagiert und zunächst einen Club des Madres gegründet, der 1983 in die Föderation der Frauenorganisationen *Fepomuves* aufgenommen wurde. Gleich bei der ersten Sitzung, die wir bei Fepomuves mitgemacht haben, wurde ich zur Sekretärin und 1986 zur Präsidentin gewählt. Damit begann ein neuer Abschnitt für mich, ich wurde Berufspolitikerin. Ich merkte sehr schnell, das war meine eigentliche Berufung. Als Fepomuves eine Beteiligung im Stadtrat von Villa El Salvador angeboten wurde, haben wir das Angebot angenommen. Ich bin dann mit 31 Jahren zur stellvertretenden Bürgermeisterin gewählt worden.

Moderatorin: Was waren Ihre Ziele?

Moyano: Es ging mir immer um die Mitgestaltungsmöglichkeiten und die Selbstbestimmung von Frauen. Dabei sah ich drei zentrale Probleme: den Hunger, den Machismo und den Terrorismus.

Moderatorin: Was konnten Sie tun?

Moyano: Ich habe ein praktisches, an den konkreten, alltäglichen Problemen orientiertes Verständnis von Politik vertreten. Zum Beispiel: Die Fepomuves trug 1990 die Verantwortung für 1500 Komitees des Programms »Ein Glas Milch« und für 800 Gemeinschaftsküchen. Damit konnte das Überleben Tausender gesichert werden. Darüber hinaus haben durch diese Aktivitäten unzählige Frauen ihre Privatsphäre verlassen, sich in der Gemeinschaft zu Führungsfrauen entwickelt und ungeahnte Fähigkeiten bei sich entdeckt. Die Frauen haben durch ihr Engagement nicht nur Lösungen für die Ernährungsfrage erstritten, sondern sich auch persönlich und politisch entfaltet.

Moderatorin: Sie kommen also beide aus der Frauenbewegung.

Weber: Für mich gilt jedenfalls, dass ich als Rückhalt für meine politischen Aktivitäten immer meine Heimat im Katholischen Frauenbund hatte, auch wenn sich die Katholische Frauenbewegung im Kampf um das Frauenstimmrecht zunächst noch zurückgehalten hatte. Was ich persönlich nie verstehen konnte. Ich war mehrere Jahre Vizepräsidentin des Katholischen Frauenbundes und bin 1925 in den Vorstand der Weltunion der katholischen Frauenorganisationen gewählt worden.

Moderatorin: Frau Moyano hat ihr Konzept von »politischer Bildung für Frauen« beschrieben. Gab es bei Ihnen im Frauenbund, Frau Weber, etwas Ähnliches?

Weber: Ich habe herausgehört, dass die Probleme ganz ähnlich waren. Auch bei uns mussten die Frauen zunächst zu »Politikerinnen« gebildet und zu einem politischen Verständnis geführt werden. So war es immer meine feste Überzeugung, dass das Frauenstimmrecht nur dann segensreich sein konnte, wenn es gelang, das staatsbürgerliche Bewusstsein der Frauen zu entwickeln, ihnen staatsbürgerliches Wissen zu vermitteln, ihr Gewissen zu bilden und ihren Willen für eine Mitverantwortung zu stärken. Unser Weg ging weniger über konkrete Aktivitäten, sondern eher über Vorträge. Konferenzen und Schulungen sollten den Frauen den Sinn und ihre Pflicht als Wählerin in der Demokratie klarmachen. Dazu haben wir im Frauenbund eine eigene Kommission für staatsbürgerliche Bildung gegründet.

Moderatorin: Welche Rolle hat bei Ihnen beiden Ihr Glaube und Ihre Zugehörigkeit zur katholischen Kirche gespielt?

Moyano: Die Kirche war für Villa El Salvador wie für mich von ganz entscheidender Bedeutung. Zunächst muss ich sagen, dass nur durch Vermittlung von Weihbischof Bambaren und Kardinal Landazuri die Zuweisung eines Landstückes für die vertriebene Bevölkerung zustande gekommen ist. Vor allem progressive Vertreter der Kirche haben die Bevölkerung in ihrer Selbstorganisation unterstützt. Es gab viele Angebote für Jugendliche, die mich entscheidend geprägt haben. An der Universität hörte ich zum ersten Mal vom historischen und dialektischen Materialismus. Ich kam an einen Punkt, an dem ich zu fragen begann, ob Gott existierte oder nicht und warum er erlaubte, dass so viele Kinder Hungers starben und warum es so viele frustrierte Jugendliche gab? Meine atheistische Phase blieb eine Episode. Vor allem durch die Freundschaft mit einer Ordensfrau, die in Villa El Salvador arbeitete, fand ich zum Glauben zurück. Mein Glaube bildete Hintergrund und Antriebskraft für meine politischen Aktivitäten.

Weber: Meine Zugehörigkeit zur katholischen Kirche und der Glaube als Kraftquelle für mein Leben – das stand bei mir nie in Frage. Das war so! Daraus habe ich gelebt, von hier habe ich meine Maßstäbe für viele Entscheidungen gewonnen. Nach den Jahren der Bewährungszeit des Nationalsozialismus und des Krieges habe ich das einmal so formuliert: *»Wir haben uns losgelöst von dem, was der Terror uns genommen hat. Wir haben uns trennen müssen von Menschen, die uns nahe standen. Wir haben aber auch das Licht Gottes geschaut und sind tief in seine Erbarmung gefallen … Wir hatten ein »Amt« verloren, und wir erhielten eine »Aufgabe«, die ein freies Schaffen für das Reich Gottes und den christlichen Aufbau des deutschen Volkes war.«*

Moderatorin: Das heißt, für sie beide wurde der Glaube besonders wichtig, als die Zeiten politisch härter wurden.

Weber: Ich glaube, um Politikerin zu sein, braucht man innere Freiheit, die Stand und Halt gibt. Aus dem Glauben habe ich den Mut gefunden, mir selbst treu zu bleiben, indem ich den Weg gegangen bin, den ich für den Weg der Freiheit und des Rechtes hielt. An zwei Situationen kann ich mich deutlich erinnern: Ich habe gegen den Versailler Vertrag und später in der Zentrumsfraktion gegen das Ermächtigungsgesetz gestimmt. Es war für mich überhaupt keine Frage, dass ich mich hier nicht beugen darf. Das galt auch, als mir am 30. Juni 1933 aufgrund des »Gesetzes zur Wiederherstellung des Berufsbeamtentums« innerhalb von 24 Stunden gekündigt wurde. Auch da war ich zu keiner Konzession bereit und habe mein Amt quittiert.

Moderatorin: Was blieb Ihnen an Aufgaben während der Zeit des Nationalsozialismus?

Weber: Ich habe als Vorsitzende des Katholischen Fürsorgevereins in Berlin gewirkt, fürsorgerische Aufgaben verwaltet und gepflegt und in allen Gegenden Deutschlands die religiöse, kulturelle und soziale Bildungsarbeit im Rahmen des Katholischen Deutschen Frauenbundes gefördert. Ich wollte motivieren zum Durchhalten, als bekennende Christin anwesend sein in dieser säkularisierten Welt. Unermüdlich bin ich von Ort zu Ort gereist, um in kleinen Versammlungen die katholischen Frauen hellsichtig und entscheidungswillig zu machen.

Moyano: Für mich wurde der Glaube zentral, als es auf den Konflikt mit der Befreiungsbewegung *Sendero luminoso (Leuchtender Pfad)* hinsteuerte. Von 1990 an begannen die Senderisten Fepomuves und mich öffentlich zu attackieren. Sie warfen uns vor, mit dem »System« zu kollaborieren und dessen Praktiken zu unterstützen, anstatt die wirkliche Befreiung der Frauen voranzutreiben. Eine ernste Warnung war die Bombe, die Sendero im September 1991 in einem unserer Lagerräume zündete. Doch ich wollte mir nicht den Mund verbieten lassen. In einem offenen Brief habe ich ihre blindwütige Gewalt verurteilt und betont, dass durch Terror und Mord niemals Fortschritte in der Menschlichkeit zu erzielen sind.

Moderatorin: Wäre es nicht klüger gewesen sich zurückzuhalten?

Moyano: Nein. Ich habe dem Tod sehr bewusst ins Auge gesehen und war bereit, lieber mein Leben hinzugeben als meine Aufgabe zu verraten. Das ist der Kern meines Glaubensverständnisses: Ich wollte mich für das Leben einsetzen, das Leben von Menschen, die mir anvertraut waren, und ich tat das aus einer tiefen Dankbarkeit Gott gegenüber. Trotzdem habe ich nicht mit einem so schnellen Ende gerechnet. Am 15.2.1992 wurde ich bei einer Abendveranstaltung vor den Augen meiner Söhne erschossen und mein Körper mit einer Ladung Dynamit in die Luft gesprengt.

Moderatorin: An Ihrer Beerdigung nahmen 300.000 Menschen teil. Der Befreiungstheologe Gustavo Gutierrez sprach von Ihrem Leben als einer Botschaft der Hingabe, der Hoffnung, der Freude und des Friedens.

Moyano: Nun ja, das stimmt. Meiner Familie und mir hat das zwar nicht viel geholfen, doch es war ein Trost in der Trauer.

Weber: Solch offene Konfrontation habe ich vermieden. Manchmal habe ich mich gefragt, ob es nicht doch das war, was von mir erwartet wurde. Ich habe mich eher zurückgezogen und im kleinen Kreis gewirkt. Oft genug habe ich das *»prüfende und misstrauische*

Auge der Gestapo« (HW 104) gespürt. Ich war sehr gefährdet. Einmal bin ich einer Verhaftung nur knapp entgangen, weil ich vorgewarnt worden war. Das Äußerste wurde mir zum Glück nicht abverlangt.

Moderatorin: Auf diese Weise konnten Sie Ihre Erfahrung und Kompetenz nach dem Krieg für den Wiederaufbau einbringen. Sie wurden 1946 Mitglied des Landtages von Nordrhein-Westfalen. Neben den »Vätern« des Grundgesetzes wurden Sie als eine seiner »Mütter« in den Parlamentarischen Rat berufen. Von 1949 an waren Sie als CDU-Abgeordnete im Bundestag, ganz abgesehen davon, dass Sie bis zu Ihrem Tod 1962 zahlreiche ehrenamtliche Verpflichtungen übernommen haben.

Schließen möchte ich unser Gespräch mit einem Zitat, das ich in der Autobiografie von Ihnen, Frau Moyano, gefunden habe, das zu Ihnen beiden passt: »*Ich hinterlasse Euch eine Botschaft der Hoffnung: Trotz der Krise, trotz der Schwierigkeiten, die wir zu durchschreiten haben, trotz der Marginalisierung, die die Frau von machistischer und autoritärer Seite her zu erleiden hat, gibt es viel Hoffnung, viel Glaube und viel Kraft.«* Ich danke Ihnen beiden.

Claudia Lücking-Michel

Helene Weber, geb. 1881, gest. 15. Februar 1962, Ausbildung als Studienrätin, danach vielfältige Aufgaben in Politik und katholischer Frauenbewegung, Mitglied der verfassunggebenden Nationalversammlung in Weimar 1919, Mitglied des Parlamentarischen Rates 1948–49, Abgeordnete des Preußischen Landtages, CDU-Mitglied, Abgeordnete des Deutschen Bundestages, ehrenamtlich aktiv u.a. im Katholischen Deutschen Frauenbund, in der Weltunion der katholischen Frauenorganisationen, im Deutschen Müttergenesungswerk.

María Elena Moyano, geb. 1958, gest. 1992, lebte mit ihrer Familie im Großraum Lima, kämpfte für die sozialen Rechte der Bevölkerung, vor allem der Frauen, in den Slums. Sie engagierte sich bei der Aktion Un Vaso de Leche, wurde 1986 Präsidentin der Frauenföderation Fepomuves und danach zur stellvertretenden Bürgermeisterin von Villa el Salvador gewählt. Ihr unerschrockenes Eintreten für die Menschen und ihren offenen Widerspruch gegen die Aktivitäten des Leuchtenden Pfades bezahlte sie mit dem Leben. Sie wurde von Sendero-Terroristen ermordet.

Literatur: Burkhard Weber, Ijob in Lateinamerika. Deutung und Bewältigung von Leid in der Theologie der Befreiung, Mainz 1998 (bes. S. 132–170: »María Elena Moyano und die Frauen von Villa El Salvador«; MEM); Elisabeth Prégardier/Anne Mohr (Hrsg.), Helene Weber (1881–1962). Ernte eines Lebens. Weg einer Politikerin, Essen 1991 (HW); Gisela Breuer, Frauenbewegung im Katholizismus. Der Katholische Frauenbund 1903–1918, Frankfurt/New York 1998.

GETRIEBEN INS FREMDE

HINÜBERGEHEN NACH ANNISA

Makrina, ihrer Mutter Emmelia zum Andenken

Wir sind gemeinsam nach Annisa gegangen. Dein Mann Basilius, mein Vater, war bereits gestorben und hatte dich als eine junge Witwe mit einer Schar Kinder zurückgelassen. Ich, Makrina, war dein erstgeborenes Kind. Peter, der jüngste Sohn, war noch in deinem Leib. Auch der übrige Hausstand war groß, ausgestattet mit Sklaven und Sklavinnen, Dienerinnen und Dienern. Wir waren nicht arm, wir besaßen ausgedehnte Ländereien in Kleinasien. Irgendwann zogen wir nach Annisa, einer Siedlung unweit der Südküste des Schwarzen Meeres. Wir gründeten eine Gemeinschaft am Ufer eines Flusses und lebten dort mit Verwandtschaft, Freunden und Dienern.

Wir sind nach Annisa gegangen. Wir sind hinübergegangen von einem Ort zu einem anderen, sind hinübergegangen mit Gepäck, Tieren und Menschen. Zugleich aber sind wir hinübergegangen in eine neue Weise des Lebens. Dieser Umzug nach Annisa war seit langen Jahren vorbereitet worden, ja bereits bevor ich geboren worden war.

Du hast mir meinen Namen gegeben und mich in einer Tradition verwurzelt, Mutter. Deine eigenen Eltern waren durch den Kaiser umgebracht worden. Auch die Familie, in die du eingeheiratet hattest, hatte im frühen vierten Jahrhundert unter Verfolgung zu leiden gehabt. Deine Schwiegereltern mussten in die Verbannung. Nach der Mutter deines Mannes hast du mich Makrina genannt.

Aber ich stand nicht nur in einer Familientradition, sondern noch in einer zweiten, einer Tradition von Heiligen. Als ich noch ungeboren in deinem Schoß war, aber die Wehen schon eingesetzt hatten, fielst du in einen tiefen Schlaf. Und du träumtest, dass du mich schon in deinen Armen hieltest und dass eine übermenschliche Gestalt mich beim Namen Thekla rief – Thekla, die tapfere Leh-

rerin des Evangeliums und Jüngerin des heiligen Paulus. Du hast mir auch ihren Namen gegeben, aber als geheimen Namen. Du hast mir diese starke Frau Gottes, die unbeirrt das tat, was sie als Gottes Willen empfangen hatte, zur Patronin gegeben. Makrina-Thekla: Zeugnis ablegen in der Verfolgung und das Evangelium lehren – das sind die Traditionen, in die du mich hineingestellt hast.

Und dann war da das Beispiel deines eigenen Lebens, deines Lebens, Emmelia, das viele als heiligmäßig ansehen. Obwohl du noch weitere Kinder geboren hast, hast du mich nie allein der Sorge einer Amme anvertraut. Du hast mich in deinem eigenen Schoß gehegt. Indem du mich zur Welt gebracht hast, wurdest du meine Mutter, indem du mich erzogen hast, wurdest du mir Vorbild und Lehrerin.

Du unterrichtetest mich zu Hause, unser Lehrbuch war die Heilige Schrift. In dieser Schule erwarb ich mehr als meine Brüder Gregor und Basilius in ihrem ganzen Rhetorikunterricht. Später, wenn sie mich besuchten, war ich sehr wohl in der Lage, mit ihnen mitzuhalten in unseren langen Disputen über unsere Auffassungen von Seele, Leben und Tod. Sogar wenn es um ihre eigene Lebensweise ging, schätzten sie meinen Rat. Bis zu meinem Tod war ich für sie eine gesuchte Gesprächspartnerin. All das hast du mir möglich gemacht.

Du selbst warst schon jung zur Waisen geworden, hattest keine Eltern, die dich beschützen konnten; du musstest deinen ursprünglichen Wunsch, unverheiratet zu bleiben und dein Leben auf diese Weise Gott zu widmen, deshalb aufgeben. Du hast meinen Vater geheiratet, einen guten und, was die christliche Lebensweise betrifft, einen dir gleichgesinnten Mann. Dies war dein Weg, das Ideal eines Gott zugewandten Lebens zu verwirklichen, eines Lebens in Einklang mit dem göttlichen Willen und darauf ausgerichtet, Gott zu suchen.

Als mein eigener Verlobter starb und ich meinem Wunsch Ausdruck verlieh, nicht einer erneuten Verlobung zuzustimmen, hast du diesen Wunsch verstanden. Du hast mir geholfen, diese von mir gewählte neue Weise der Ausrichtung auf Gott zu leben. Als Schutz sollte ich in deiner Nähe bleiben. Diese Begleitung schuf mir den Raum, den Weg eines Lebens als asketische Jungfrau zu leben. Du hast für mich eine Lebensform möglich gemacht, die anders war als die deine. Und doch hast du in all den Jahren, in denen du mich auf meinem Weg begleitet hast, nie den Wert eines Lebens als Ehefrau und Mutter verneint – den Weg, den du als Gottes Bestimmung für dich gelebt hattest.

Als dein Mann starb, sagten manche Leute, du würdest es nie schaffen, allein zurecht zu kommen. Wir hatten Verpflichtungen, Besitz, Ländereien, Dienerinnen und Diener. Du hast diese Verpflichtungen nie vernachlässigt. Viele Menschen hingen von dir ab: Kinder, Sklaven, Dienerinnen. Du hast diese Verantwortung ernst genommen. Ich half dir und die Gesellschaft hat den Erfolg unserer gemeinsamen Arbeit bewundert. Unser

Haushalt entwickelte sich und unsere Ländereien blühten.

Und dennoch vollzog sich langsam eine Veränderung mit uns. Ich wurde meinerseits deine Lehrerin, eine Lehrerin unserer gemeinsamen Suche nach einem von der Liebe zur Weisheit geleiteten Leben. Ich schlug dir vor, ohne die Rolle der feinen Herrin zu leben. Wir nahmen viele der Dienste auf uns, die zuvor Sklaven für uns geleistet hatten. Ich backte dein Brot für dich und trug es dir mit meinen eigenen Händen auf. So lebten wir den Geist von Annisa. Dieser Geist unserer Gemeinschaft erfasste auch andere. Wir schenkten unseren Sklavinnen und Sklaven die Freiheit, und viele der Frauen wurden sofort unsere Schwestern. Wir festigten unsere Gemeinschaft in Annisa.

Das Beispiel deines Lebens und deine Erziehung hatten mich für dieses Hinübergehen vorbereitet; ein Übergang, den ich voller Freude vollzogen habe. Ein Hinübergehen vom Leben einer reichen Familie zu dem einer monastischen Gemeinschaft. Viele Menschen haben wir hingeführt nach Annisa, einige deiner Söhne lebten dort oder in der Nähe. Schließlich gründeten wir ein Kloster für Frauen, die Männer lebten für sich, nicht weit entfernt.

Ich sah dein Leid, als einer dieser Söhne, dein geliebter Naukratius, auf der Jagd getötet wurde, während er für einige alte Männer, um die er sich kümmerte, Essen besorgte. Noch immer eine Mutter, sah ich dich gegen deine Tränen kämpfen. Auch ich verlor in Naukratius einen geliebten Menschen. Ich schaffte es, nicht zu weinen. Betrachter mögen gedacht haben, dass ich stärker sei als du, mich mehr beherrsche, tapferer sei. Ich hatte einen Bruder verloren, das ist wahr. Doch das Leid einer Mutter über den Tod eines Kindes ist ohne Vergleich. Mein Verlangen war, dich zu trösten – und das tat ich mit aller Kraft.

Eine Mutter warst du noch auf deinem Sterbebett. Du flehtest Gottes Segen herab auf deine Kinder, die anwesenden und die abwesenden. Mein Bruder Peter und ich waren bei dir. Unsere Hände haltend, gewährtest du Sohn und Tochter gleichermaßen deinen letzten Segen.

Du führtest mich zur Suche nach Weisheit, ja wir machten uns gemeinsam auf diesen Weg. Zuerst warst du es, die mich führte und inspirierte, meine große Lehrerin. Dann ergriff ich die Führung. Aus unserer gegenseitigen Gemeinschaft erwuchs die Gemeinschaft von Annisa. Du warst die Voraussetzung meines Voranschreitens, du machtest es mir möglich, vollständig hinüber zu gehen in das monastische Leben, ganz hinüberzugehen zu dem Ideal, für das Annisa steht.

Und doch lehrtest du mich, berechtigte menschliche Werte nicht zu vergessen wie die Liebe innerhalb einer Familie und die Verantwortung für die, die in der Gesellschaft auf einen angewiesen sind. Ein solches Hinübergehen, wie du es gelebt hast, Emmelia, meine Mutter, mit deinem Weg nach

Annisa, ist bewirkt durch die göttliche Gnade und wird in besonderer Weise zu ihrer sichtbaren Erscheinung.

Du hast mir oft gesagt: »Die anderen Kinder trug ich für eine bestimmte Zeit in meinem Leib. Dich aber trage ich stets in mir, umfange dich gewissermaßen immer in meinem Schoß«. Und so möchte ich auch im Tod mit dir verbunden sein. Wenn ich sterbe, sollen die Schwestern dein Grab öffnen und mich an deine Seite legen. Unser gemeinsames Verlangen ist es immer gewesen, zusammen hinüberzugehen in das Reich des himmlischen Bräutigams.

Hilary Mooney

Emmelia und ihre älteste Tochter **Makrina** gehörten einer wohlhabenden christlichen Familie in Kleinasien im 4. Jahrhundert an. Nach dem Tod des Familienvaters regelte Emmelia die Angelegenheiten des Besitzes unter wachsendem Einfluss Makrinas. Schließlich gründeten sie eine monastische Gemeinschaft in Annisa.

Literatur: Gregor von Nyssa, De vita sanctae Macrinae (Pierre Maraval ed., Grégoire de Nysse. Vie de Sainte Macrine, Sources Chrétiennes, 178, Paris 1971). Deutsch: Des heiligen Kirchenlehrers Gregor von Nyssa Lebensbeschreibungen seiner Schwester Makrina, von Eugen Stolz übersetzt in: Des heiligen Bischofs Gregor von Nyssa ausgewählte Schriften aus dem Griechischen übersetzt, Bibliothek der Kirchenväter, Bd. 56, München 1927, 335–368.

UNTERWEGS IN GOTTES NAMEN

Melania die Jüngere berichtet über ihre Großmutter Melania die Ältere

Wenn ich nun, am Ende meines Lebens, Rückblick halte, erkenne ich deutlich, wie Gott mich behutsam bis hierher geführt hat. Er ließ mich mit nahezu allem brechen, was mir seit frühester Kindheit vertraut war, er führte mich von vorgezeichneten Wegen weg und eröffnete mir eine Welt, die ich nur vom Hörensagen kannte – und er zeigte mir am Beispiel meiner Großmutter Melania, deren Namen ich mit Stolz trage, dass ein solcher Weg gangbar ist.

Ich will das Wesentliche berichten. Als einzige Tochter meiner aus vornehmen Adelsfamilien stammenden Eltern Publicola und Albina erlebte ich eine behütete, von Wohlstand und Sorgenfreiheit geprägte Kindheit in Rom. Die frühe, standesgemäße Heirat mit Pinian schien den weiteren Verlauf meines Lebens klar vorzugeben.

Doch welches Unglück ist nach kurzer Zeit über uns hereingebrochen! Die schwere Geburt unseres Sohnes und sein baldiger Tod, meine eigene lebensbedrohende Krankheit und kurz darauf der Tod unseres erstgeborenen Kindes stürzten mich in eine tiefe Krise. Vieles stellte sich für mich in Frage. Ich suchte verzweifelt nach neuer Orientierung, ohne dass Pinian oder meine Familie mir zu helfen vermochten.

Ihre Denkweisen wurden mir zunehmend fremd. Trost fand ich in meinem christlichen Glauben, mit dem ich mich intensiver zu beschäftigen begann. In dieser Zeit verstärkte ich meine Kontakte zu verschiedenen adeligen, asketisch lebenden Christinnen in Rom. Einige von ihnen hatten ähnliche Schicksalsschläge erlebt wie ich und sie gut verarbeitet. Ihre selbständige Art der Lebensgestaltung, die aus der frei gewählten Ehelosigkeit resultierte, beeindruckte mich.

Die Frauen trafen sich, um miteinander zu beten, diskutierten aber auch theologische Fragen. Daneben verfügten sie über ausreichende Mittel und die notwendige Zeit, um

Sprach- und Bibelstudien zu betreiben, die weit über das hinausreichten, was Frauen üblicherweise zu tun vermochten. Mein Interesse an einer solchen Lebensform wuchs.

Vor allem mein Vater betrachtete meine Entwicklung mit einiger Sorge. Zwar stand er dem christlichen Glauben positiv gegenüber, doch war ihm jeder Radikalismus fremd. Sicher beschäftigte ihn auch die Frage, wer unser immenses Vermögen übernehmen und erhalten könnte, sollten Pinian und ich ohne Nachkommen bleiben.

Doch denke ich, dass ihn vor allem das Verhalten seiner eigenen Mutter, meiner Großmutter Melania, geprägt hat. Welcher Aufschrei erschütterte damals Rom, als sie nach dem frühen Tod ihres Mannes und zweier ihrer drei Kinder eine Pilgerreise zu den Mönchen und Jungfrauen Ägyptens unternahm, um dann in Jerusalem ein frommes, asketisches Leben zu führen. Publicola, ihren einzigen verbliebenen, achtjährigen Sohn, ließ sie in Rom alleine zurück, wenn auch finanziell gut ausgestattet. Aus eigenem

Erleben mit den Folgen einer solchen Entscheidung vertraut, die zahlreichen kritischen Stimmen seiner Umgebung in den Ohren, hat sich mein Vater damit nie abfinden können.

Ich dagegen war von dieser Eigenständigkeit und Konsequenz schon immer beeindruckt und konnte nicht genug von den Erzählungen der Pilgerreisenden in den Osten hören, die auch von meiner Großmutter handelten.

Es traf sich wie durch Fügung, dass Melania gerade in der Zeit meiner schweren Prüfungen den Weg zurück von Jerusalem nach Rom gefunden hatte, um in verschiedenen Angelegenheiten tätig zu werden.

Unser persönliches Kennenlernen wurde Weichen stellend. Ich hörte ergriffen zu, wenn sie davon sprach, wie sie mit ihrem Unglück umgegangen war und wie Gott ihr dabei geholfen hatte. Es faszinierte mich, wenn sie berichtete, wie sie Rom zusammen mit anderen gleichgesinnten Frauen und Sklaven verlassen und Ägypten besucht hatte, wenn sie von ihrem Frauen- und Männerkloster am Ölberg in Jerusalem erzählte, von ihrer karitativen Tätigkeit, dem streng asketischen Leben und den theologischen Studien, die sie zusammen mit Rufin betreiben konnte. Und natürlich ermunterte sie mich, es ihr gleich zu tun.

Der Tod meines Vaters, der diese Überlegungen ablehnte, ermöglichte mir weitere Schritte. Es gelang mir tatsächlich, Pinian davon zu überzeugen, dass Gott anderes mit uns vor hatte als einer eigenen Familie vorzustehen. Wir begannen, in unserer Ehe enthaltsam zu leben. Zunächst flohen wir den Trubel der Stadt und zogen uns aus Rom auf ein außerhalb gelegenes Landgut zurück. Dann reisten wir auf unserer Suche nach neuer Erfüllung, allerdings auch die Rom bedrohenden Goten fürchtend, nach Kampanien und Sizilien.

Meine Mutter Albina, die sich auf unsere Seite gestellt hatte, begleitete uns. Wie Melania, allerdings gegen weitaus größeren Widerstand, verkauften wir immer wieder Teile unseres gewaltigen Besitzes und verwendeten den Ertrag für karitative Zwecke und zur Stiftung klösterlicher Gemeinschaften.

Nicht nur unsere Familien, sondern auch Mitglieder des Senats versuchten dies mit allen Mitteln zu verhindern. Es ist dem persönlichen Eingreifen des Kaisers Honorius zu verdanken, dass wir in dieser Weise wohltätig sein konnten und die Bürde unseres Reichtums von uns genommen wurde.

Auch zahlreiche unserer Sklaven ließen wir frei. Nicht alle waren darüber glücklich, fürchteten sie doch, in schwere Not zu geraten. Viele von ihnen wurden Mitglieder unserer klösterlichen Gemeinschaften. So waren sie versorgt, übernahmen die vielfältigen, anfallenden Arbeiten und führten zudem ein gottgefälliges Leben. Großmutter hatte diese Problematik in ähnlicher Weise gelöst und mir zu einer solchen Vorgehensweise geraten.

Die erschütternde Nachricht vom Tode Melanias erreichte uns, als wir einige Zeit später nach Afrika aufbrachen. Ein Wiedersehen in diesem Leben sollte uns also nicht mehr vergönnt sein. Wie gerne hätte ich mit ihr zusammen das Heilige Land erlebt!

Doch mussten wir zuerst unseren Besitz in Afrika auflösen. Viele Bischöfe berieten uns dabei und beeinflussten die Verteilung in ihrem Sinn. In Tagaste gründeten wir eine Männer- und eine Frauengemeinschaft.

Ich nutzte die Zeit, um meine Bibelstudien voranzutreiben und Schreibarbeiten zu fertigen. Melanias Eifer in diesen Fragen stand mir noch deutlich vor Augen. Für sie gehörten wissenschaftliche Erkenntis und persönlicher Glaube untrennbar zusammen. Wie oft hatte sie mir von ihren anregenden Diskussionen mit Rufin berichtet, die sich auch um Fragen der Übersetzung griechischer Werke und damit verbundene theologische Probleme drehten.

Sieben Jahre später brachen wir schließlich nach Jerusalem auf. Endlich konnte ich mit eigenen Augen die Stadt sehen, die meine Großmutter so fasziniert und inspiriert hatte. Ich verstand sie nur zu gut!

Wir lebten zunächst betend, fastend und studierend in einem Hospiz, bis sich erfüllte, was ich mir seit frühester Kindheit gewünscht und wovon Großmutter in Rom immer geschwärmt hatte: Der Besuch der in Ägypten lebenden Jungfrauen und Mönche.

Pinian begleitete mich. Tief beeindruckt und bestärkt kehrten wir nach Jerusalem zurück. Die nächsten vierzehn Jahre lebte ich zurückgezogen und pflegte nur wenige Kontakte. Ich lernte Paula die Jüngere kennen, eine Verwandte unserer Familie, die die Verantwortung für das Kloster ihrer Großmutter Paula die Ältere in Bethlehem übernommen hatte.

Die alten Konflikte zwischen Rufin und Hieronymus und damit auch zwischen unseren Großmüttern waren für uns längst nicht mehr von Wichtigkeit. Warum sie damals über die Bewertung des Origenes in solche Streitigkeiten gerieten, – ich konnte es nicht verstehen. Für mich zählten andere Dinge.

Der Tod meiner Mutter und bald darauf meines geliebten Pinian brachten mich dazu, mein gewohntes Leben aufzugeben und in Jerusalem neben anderen Bauten ein Frauen- und ein Männerkloster zu stiften. So war ich wieder dem Vorbild meiner Großmutter gefolgt, wenn auch mit einiger Verzögerung.

Und noch eine Parallele zu ihrem Leben sollte am Ende meines Lebens zu ziehen sein: Wie Melania wenige Jahre vor ihrem Tod von Jerusalem nach Rom reiste und meine Entscheidung für ein asketisches Leben stark beeinflusste, so habe auch ich noch eine weite Reise nach Konstantinopel unternommen, um meinen Onkel Volusianus, den ehemaligen Stadtpräfekten, kurz vor seinem Tod für die Taufe zu gewinnen.

Kaiserin Eudocia, die ich bei dieser Gelegenheit kennen lernte, besuchte mich kurze Zeit später auf ihrer Pilgerreise in Jerusalem und wohnte in meinem Kloster. Ich werte dies als späte Bestätigung meines ungewöhnlichen Lebensweges, für den ich mich gegen viele Widerstände entschieden hatte.

Schaue ich auf mein Leben zurück, dann danke ich Gott für seine weise Führung.

Paula die Jüngere ist in diesen letzten Tagen bei mir. Ich bin froh über ihre Unterstützung und Freundschaft in den vergangenen Jahren. Vor allem aber bin ich dankbar, dass mir meine Großmutter ein Leben vorlebte, an dem ich mich orientieren konnte. Auch wenn ich streckenweise andere Wege gegangen bin – aus den Augen verloren habe ich sie nie. Und ich bin gewiss, sie jetzt bald in unserem himmlischen Jerusalem wiederzusehen.

Heike Grieser

Melania die Ältere (gens Antonia), geb. um 340, gest. um 410, vornehme römische Witwe, die sich nach einer Pilgerreise nach Ägypten in Jerusalem niederließ, um ein Doppelkloster zu gründen. Dort lebte sie über Jahrzehnte streng asketisch, widmete sich wissenschaftlichen Fragen und engagierte sich karitativ.

Melania die Jüngere (gens Valeria), geb. um 385, gest. 31.12.439, Enkelin der Melanie d.Ä. Nach dem Tod beider Kinder begann sie mit ihrem Ehemann Pinian ein asketisches Leben und verwendete ihr immenses Vermögen für Klostergründungen und karitative Zwecke. Am Ölberg in Jerusalem errichtete sie u.a. ein Männer- und ein Frauenkloster, in dem sie bis zu ihrem Tod lebte.

Vita Melaniae: Sources Chrétiennes 90, hrsg. D. Gorce, Paris 1962 (griech.); M. Rampolla del Tindaro, Rom 1905 (lat.). Dazu verschiedene Kapitel der Historia Lausiaca des Palladius: Vite dei Santi 2, hrsg. v. G.J.M. Bartelink, Mailand ^{5}1998; Susanne Wittern: Frauen, Heiligkeit und Macht. Lateinische Frauenviten aus dem 4. bis 7. Jahrhundert. Stuttgart, Weimar 1994 (Ergebnisse der Frauenforschung 33); Barbara Feichtinger: Apostolae apostolorum. Frauenaskese als Befreiung und Zwang bei Hieronymus, Frankfurt a.M. 1995 (Studien zur klassischen Philologie 94).

ALS FREMDE IN DEN WESTEN VERBRACHT

Radegunde an Elisabeth von Thüringen

Liebe Elisabeth,

Wenn ich höre, wie dein kurzes Leben verlaufen ist, das 620 Jahre nach meinem Tod begann, und wie wir doch so vieles ähnlich erlebten, bin ich immer wieder erstaunt. Ob du von meinem Schicksal gehört hast? Thüringen, wohin man dich als vierjähriges Kind gebracht hatte, war meine Heimat. Ich war Tochter eines Königs wie du auch. Wie man später dich von Ungarn nach Thüringen verpflanzt hat, so hat man mich nach Westen verbracht in eine fremde Umgebung, als Fremde, weil ein Mann, ein König, mich zur Frau haben sollte. Eine solche Verbindung war politisch aussichtsreich. Deshalb hat man mich für meine künftige Aufgabe am Königshof erzogen, wie dich am Hof des Landgrafen. So haben wir beide mehr an Bildung genossen als gewöhnlich

Frauen sonst. Freilich hast du damals mehr das Reiten geliebt und das Herumtollen.

Hat man dir am Hof die *Geschichte der Franken* vorgelesen, die Gregor von Tours verfasst hat? Er erzählt etwas von meinem Leben; bei meinem Begräbnis war er dabei.

Beide wurden wir mit Mord in der engsten Familie konfrontiert: mein Vater wurde von seinem Bruder getötet, deine Mutter wurde erschlagen.

Du warst noch so jung, als man dich auf die Wartburg brachte. Ich war immerhin schon mehr als 10 Jahre alt, als Chlothar mich als Kriegsgefangene ins Land der Franken bringen ließ, freilich auch als Pfand, weil er mich als eine seiner Ehefrauen wollte.

Deiner hat sich Ludwig angenommen und du hast ihn heiß geliebt. Von meinem Mann kann ich das nicht sagen. Ich versuchte dieser Hochzeit zu entgehen, aber man hat mich zurückgebracht. Chlothar war ein schwieriger Charakter und aufbrausend. Er hatte mehrere Ehefrauen. Ich war nicht die erste und einzige, wie du es warst. Dein Ludwig hat sich ja standhaft geweigert, als Dienstboten ihm eine Frau vermitteln wollten. Er hat zu dir gestanden und dich gestützt.

Ich habe während der Ehejahre, wie du später, versucht nachts zu beten, ein Leben nach dem Evangelium zu führen, soweit das möglich war. Als mein Mann das merkte, meinte er, er habe wohl *»eher eine Nonne, denn eine Königin geheiratet«*.

Als er dann meinen Bruder umbringen ließ, bin ich geflohen. Von Bischof Medard von Noyon erbat ich die Weihe zur Diacona. Es war nicht einfach, ihn dazu zu bringen. Aber du kennst das ja, mit deinem geistlichen Führer, dem Prediger Konrad von Marburg, hattest du auch deine Schwierigkeiten.

Mein Mann war – einigermaßen – einverstanden, jedenfalls hat er Medard keine großen Schwierigkeiten gemacht. Erst sehr viel später dachte er daran, die Ehe wieder aufzunehmen, aber – Gott sei Dank! – gelang es mir, ihn immer wieder umzustimmen. Schließlich hat Medard dann doch diese

Weihe vollzogen, obwohl einige gallische Synoden es gerade verboten hatten. Ich musste ihn schon entschieden daran erinnern, dass *»der Herr selbst andernfalls meine Seele von ihm fordern«* würde.

Dich faszinierten die Ideale des Franz von Assisi, ich war erfasst vom Geist des Martin von Tours. Ich habe mich auf den Weg gemacht zu seinem Grab, habe die Armen versorgt, eine Organisation geschaffen.

Hast du später etwa an mich gedacht, als du selber ein Spital gegründet hast auf deinem Witwengut, so wie ich auf den mir zustehenden Ländereien? Es war mir, wie dir, wichtig, die Armen, die Kranken selber zu pflegen, so gut ich konnte. Ich glaube, wir haben beide gespürt, wie wir dabei Christus begegnet sind.

Sicher gibt es auch Unterschiede zwischen uns. Nicht nur, dass du viel schneller gelebt hast und dann schon mit 24 Jahren gestorben bist, ich dagegen die Mühsal des Altwerdens erfahren habe.

Du bliebst in der Welt, du warst eine »*Schwester in der Welt*«. Ich bin in ein Kloster gegangen. Das war ein Rückzug mit Folgen. Bis dahin gab es bei uns nämlich zwei Richtungen im Mönchtum: das lockere, wenig von einer Regel und festen Bestimmungen geleitete Mönchtum von Martin und das festgefügte und geregelte, das vom Kloster Lérins ausging. Für unser Kloster in Poitiers habe ich mir die Regel von Caesarius von Arles schicken lassen und wir haben sie übernommen, die erste Regel, die eigens für Nonnen verfasst wurde.

So kamen Martin und Lérins zusammen. Damit waren wir nicht mehr unserem Bischof unterstellt, mit dem es nicht gerade einfach war, sondern direkt Rom.

Ich glaube, in meiner Zeit war ein solcher Schritt hilfreich, damit endlich die Rivalitäten auf beiden Seiten aufhörten.

Die Verehrung des Kreuzes lag uns beiden gleichermaßen am Herzen. Mir war es wichtig, einen Kreuzessplitter nach Gallien zu holen. Zum erstenmal hatte die Christenheit ein Stück vom Kreuz Christi nördlich der Alpen, und unser Kloster in Poitiers wurde zum Heilig-Kreuz-Kloster. Du kennst sicher die Hymnen, die in der Liturgie der Karwoche gesungen werden. Venantius Fortunatus, der uns sehr verbunden war, hat sie eigens zum Empfang der Reliquien aus Byzanz gedichtet.

Das Kreuz zeigte dir das Ende deiner Ehe an, als du es bei Ludwig fandest. Er ging auf den Kreuzzug, von dem er nicht zurückkam. Das hast du wohl geahnt. Von da an hast du das Kreuz noch stärker umfangen.

Du hast mit deinem Weg den Weg bereitet für viele Frauen, die nach dir kamen, und hast neue Wege der Nachfolge Christi aufgezeigt, die von Dauer waren. Auch deshalb verehren dich die Deutschen und die Ungarn.

Um mich ist es stiller geworden, obwohl Frankreich mich immer in besonderer Weise als Schutzpatronin angerufen hat. Aber darauf kommt es nicht an.

»Wo ist der Herr?«, hast du gefragt, um deine Dienerinnen an seine ständige Gegenwart zu erinnern, wenn sie lieblos waren. Meine Mitschwestern habe ich auch zuweilen ermahnt, *»mit mir in dieser Welt zu handeln, damit ihr vorbereitet seid für die Freude der kommenden Welt«*, und *»Gott mit ganzem Glauben und glühender Liebe zu dienen, ihn in der Einfalt unseres Herzens zu suchen, damit wir mit Zuversicht zu ihm sprechen können: Herr, gib uns, was du uns versprochen hast, denn wir haben getan, was du uns aufgetragen hast«*.

Es braucht viel Entschlossenheit, fast Härte, diese unbedingte Ausrichtung auf Christus umzusetzen, die du so gut begriffen hast, gegenüber allen und allem, seien es Fürsten oder Kleriker oder das eigene Ich, und Ihm treu zu sein. *»Gott ist meine ganze Liebe«*, hast du gesagt. Darin sind wir eins.
Deine Radegunde

Theresia Hainthaler

Radegunde wurde als Tochter des Königs von Thüringen ca. 518 geboren, nach der Ermordung ihres Vaters (ca. 522) von ihrem Onkel erzogen, vom Frankenkönig Chlothar nach der Eroberung Thüringens im Alter von 12–13 Jahren nach Gallien verbracht (um 531) und dort erzogen. Um 540 Heirat mit Chlothar. Nach der Ermordung ihres Bruders (wohl auf Anstiftung Chlothars) verließ sie ihn, wurde zur Diacona geweiht von Bischof Medard von Noyon und pilgerte zum Grab des hl. Martin von Tours. Sie widmete sich der Armenfürsorge. Mit Mitteln des Königs gründete sie das spätere Hl.-Kreuz-Kloster in Poitiers (um 559/60) und führte dort die Nonnenregel des Caesarius von Arles ein, die das Kloster direkt dem Papst unterstellte. Sie erhielt eine Kreuz-Reliquie von Kaiser Justin II. (um 568/9), zu deren Empfang Venantius Fortunatus die bekannten Kreuzeshymnen (Vexilla regis) dichtete. In diesem Kloster wirkte sie bis zu ihrem Tod am 13.8.587. Nationalheilige Frankreichs.

Elisabeth wurde 1207 in Ungarn geboren. 1211 kam sie nach Eisenach an den Hof des Landgrafen von Thüringen und heiratete 1221 Landgraf Ludwig IV. Aus der glücklichen Ehe entstammen 3 Kinder: Hermann, Sophie, Gertrud. Vor 1225 Begegnung mit dem Armutsideal des neugegründeten Franziskanerordens. Bei einer Hungersnot speiste sie in Abwesenheit Ludwigs Arme, gründete ein Spital. 1226 Gehorsamsgelübde gegenüber ihrem Beichtvater Konrad von Marburg. 1227 starb ihr Mann auf dem Kreuzzug in Sizilien. Im darauffolgenden Winter verließ sie die Wartburg und legte am Karfreitag 1228 das Gelübde des Verzichts (Familie, Kinder, Eigenwillen) ab. Sie gründete 1228 ein Hospital in Marburg und lebte für den Dienst an Armen und Kranken. Tod am 17.11.1231. Heiligsprechung Pfingsten 25.5.1235.

Quellen: Venant. Fortun., Vita Radegundis (CPL 1042): MGH scr. mer. II, 364–377 (älteste Vita über Radegundis); Baudonivia (Nonne des Klosters von Poitiers), Vita S. Radegundis (CPL 1053): MGH scr. mer. II, 377–395.

Literatur: P. Joerres, Chronologische und religionswissenschaftliche Untersuchungen über das Leben der h. Radegunde und ihrer Verwandten, Ahrweiler 1897; René Aigrain, Sainte Radegonde (vers 520–587), Paris 1918; Henri Leclercq, Art. Radegonde: DACL 14 (1948) 2044–2055; Johanna Lanczkowski, Radegunde von Thüringen: Erbe und Auftrag 67

(1991) 85–109; Robert Folz, Les saintes reines du moyen ge en occident (VIe – XIIIe siècles) SubsHag 76, Brüssel 1992, 13–24 (Radegunde), 105–129 (Elisabeth); Sankt Elisabeth. Fürstin Dienerin Heilige, hrsg. von der Philipps-Universität Marburg in Verbindung mit dem Hessischen Landesamt für geschichtliche Landeskunde, Sigmaringen 1981; Elfride Kiel, Die große Liebende St. Elisabeth, Leipzig 1966; Norbert Ohler, Elisabeth von Thüringen. Fürstin im Dienst der Niedrigsten. Persönlichkeit und Geschichte 114/115, Göttingen, Zürich 1984.

WAS HABEN WIR FÜR EIN FROHES AMT GEWONNEN!

Katharina Zell schreibt an Katharina Lutherin

Straßburg,
im Dezember 1538

Liebe Schwester in Christo Katharina!

Habt Dank für die Gastfreundschaft, die wir bei Euch in Wittenberg gefunden haben. Welch ein Erlebnis für uns, im Hause des hochverehrten Doktor Luther gewesen zu sein, unserer Wittenberger Konkordie neue Festigkeit geben zu können – und vor allem Euch, Katharina, geachtete Vetterin des Namens, kennen gelernt zu haben!

Wie lieb war es mir, Euch als eine Kollegin im Amte der Pfarrfrau zu treffen und mit Euch die Sorgen und Nöte unseres Amtes auszutauschen. Denn Ihr habt diese Erfahrung ja genauso wie ich gemacht: Der Neider und Spötter sind viele, die in der Ehe des Pfarrers nur Unzucht und nicht ein göttlich Gebot sehen wollen.

Ihr als ehemalige Nonne und der Doktor Martinus als ehemaliger Mönch seid wirklich böse verleumdet worden, erst jüngst von diesem Studenten Lemnius. Aber tröstet Euch, auch mir hat man, obwohl ich keine Nonne, sondern brave, ledige Handwerkerstochter war, meine Hochzeit mit dem Matthias Zell vorgeworfen. Ich habe eine kräftige Verteidigung geschrieben und drucken lassen – und zum Dank hat mich die Straßburger Zensur gemaßregelt. Dabei wird doch der *»Pfarrherr erst durch dieses sein eelich Wesen ein rechter Wächter, Auffseher oder Pfarrherr nach der Ordnung Gottes und des heiligen Geistes«* (Kaufmann, 173). Ich hab's auch erst recht begriffen, nachdem ich das Evangelium gelesen habe. Wollte ich doch vorher auch ehelos leben, zusammen mit gleichgesinnten Frauen in Straßburg, die man Beginen nennt; auch Ihr seid ja Klosterfrau gewesen und habt erst nach der Erkenntnis der wahren Lehre das Amt der Pfarrfrau ergriffen. Was haben wir für ein frohes Amt gewonnen: Was die Männer predigen und lehren, die Nächstenliebe, das dürfen wir leben und tun, dafür dürfen wir Beispiel sein!

Doch gestehe ich – und wenn ich recht gesehen habe, geht es Euch, Katharina, nicht anders –, manchmal ist das »Leben und Tun« erheblich aufwendiger und anstrengender als das »Predigen und Lehren«. Ihr habt alleweil ein volles Haus in Wittenberg, nicht anders als unser Pfarrhaus in Straßburg.

Bei uns steigen alle die gelehrten Herren ab, wenn sie unterwegs sind zu ihren Religionsgesprächen. Wie sehr der Erfolg dieser Gespräche doch davon abhängt, ob die Herren gut gegessen und getrunken haben, das wird so leicht vergessen!

Das habe ich in Eurem Hause erlebt. Eure Gastfreundschaft hat ja auch für unser leibliches Wohl gesorgt, nicht nur für den Geist. Und was bei Euch alles zu tun ist: Brauen, Brot backen, Schlachten, Brennholz sägen,

Kochen, Obst und Gemüse anbauen, Vieh versorgen, Knechte und Mägde beaufsichtigen, Kleidung verfertigen – und vor allem für die Kinder sorgen, die eigenen und die angenommenen, die bei Euch wohnen! Und noch all die Studenten und Gäste! Katharina, ich habe Euch bewundert, mit welcher Lebendigkeit Ihr das ganze Haus organisiert.

Ich habe mich immer gefragt, warum Ihr nicht auch für die Sache des wahren Glaubens geschrieben habt. Ich hätte mir für mein Schreiben und öffentliches Wirken die Unterstützung von anderen Pfarrfrauen und gerade von Euch, Namensvetterin, so sehr gewünscht. Lesen und Schreiben und sogar ein wenig Latein beherrscht Ihr doch. Aber durch den Besuch bei Euch habe ich gesehen, dass dafür wohl keine Zeit mehr bleibt.

Und doch ist es so wichtig, dass auch wir Frauen für das Evangelium schreiben. Katharina, könnt Ihr nicht auf den Doktor Martinus einwirken, dass er seine Rede vom Notmandat noch einmal überdenke? Warum sollen wir Frauen als gläubige Laien nur sprechen und schreiben dürfen, wenn die Männer versagen? Sollten wir Frauen denn nicht allgemein teilhaben dürfen am Priestertum aller Gläubigen? Wenn wir in Notzeiten den richtigen Weg des Evangeliums erkennen können und uns äußern sollen, dann erkennen wir das Wesentliche doch auch in anderen Zeiten.

Sprecht noch einmal mit dem Doktor Martinus, Katharina, auf Euch hört er doch.

Denn was der Doktor Martinus gelehrt hat und noch lehrt, hat Gewicht und trifft die Not der Zeit. Bevor ich seine Schriften kannte, da hatte ich *»kein Trost noch Sicherheit der Lieb und Genaden Gottes finden können«* (Kaufmann, 178). Aber als wir in unserem Kreis von alten und jungen Frauen in Straßburg, mit denen ich schon von Jugend an viel fromme Schriften gelesen, die Texte Eures Martinus kennen lernten, da wurde mir leichter ums Herz. *»Da erbarmet sich Gott unser und vieler Menschen, erweckte und sandt auß mit Mund und Schriften den lieben Doktor Martin Luther, der mir und anderen den Herren Jesum Christum so lieblich für schribe, das ich meinte,* *man zöge mich tiefs aus dem Erdreich herauf, ja auß der grimmen bittern Höll in das lieblich süß Himmelreich. So habe ich das Evangelium lernen erkennen und will es nun helfen erkennen«* (Kaufmann, 180).

So wie der Doktor Martinus Euch manchmal »Doktorin, Predigerin, mein Herr Käthe« genannt hat, so nennt man mich hier in Straßburg manchmal »Doktor Katharina«. Es zeigt wohl, dass wir *»nit nach der Maß eins Weibs handeln«*, sondern *»nach der eingeschenkten Maß, die uns Gott durch seinen Geist gegeben hat«* (Jung, 172). Denn in Christus ist weder Mann noch Weib, wie Euer Gemahl es so trefflich im Brief an die Galater übersetzt hat.

Manchmal scheinet mir, Gott habe uns beiden Katharinen *»mehr Verstand, Lust und Freud an seinen Geheimnissen gegeben dann anderen Weibern«* (Jung, 172); wie wichtig ist es da, dass wir den anderen vom Evangelium erzählen und das Evangelium tun.

Sagt Eurem Doktor Martinus, er möge sich nur die biblischen Weibspersonen anschauen, wie sie da alle gewaltig das Wort ergreifen und zur Tat schreiten, die Judith und die Esther, Hanna, Sara und Rebekka, Abigail und auch die Prophetin Anna, die Martha von Bethanien und Maria von Magdala.

Ihr habt ja auch von ihnen gelesen, wie Ihr mir erzähltet, als Ihr jüngst die ganze Bibel in der Übersetzung Eures Doktor Martinus habt studiert. Wenn doch das Evangelium solche Frauen kennt, warum soll es dann zu unserer Zeit nicht ebensolche Frauen geben. Heißt es doch beim Propheten Joel: *»Ich würd auß giessen von meinem Geyst über alles Fleisch und euwer Son und Döchter werden weiß sagen«* (Kaufmann, 203).

Ach, Katharina, Stolz hat man Euch vorgeworfen, so habt Ihr erzählt. Mir geht es ähnlich, Hochmut sagen sie mir nach, und dass ich nit reden solle als Weib. Doch da begreifen unsere Neider nicht, dass wir getrieben sind vom Evangelium, dass wir nur zu gut wissen, was wir tun und reden sollen und wo wir unseren Platz in der Festigung der wahren Lehre sehen.

Wie gut hat es mir getan, mit Euch in Wittenberg darüber zu reden und gewiss zu werden, dass wir unser Amt als Pfarrfrau jede in richtiger Weise erfüllen sollen. Denn hat uns Gott dies Amt gegeben, so gibt er uns auch den Geist dazu.

Behüt Euch Gott, Katharina, Ihr seid mir eine werte und liebe Genossin im Amte.
Eure Katharina Zellin zu Straßburg

Gisela Muschiol

Katharina Zell geb. Schütz (1497/98–1562) besuchte im Jahre 1538 mit ihrem Ehemann, dem Straßburger Reformator Matthias Zell, Luther und Spalatin in Wittenberg. Es ist anzunehmen, dass sie dabei auch **Katharina Luther geb. von Bora** (1499–1552) kennengelernt hat. Katharina Zell hat ca. 1523/24 (und später in den 1550er und 1560er Jahren) mit mehreren Schriften in die öffentliche Diskussion um die Reformation in Straßburg eingegriffen. Nach einer Zensuranordnung durch den dortigen Rat im Jahre 1524 beschränkte sie sich in den folgenden Jahren vor allem auf das Verfassen von Briefen, mit denen sie Kontakte zwischen den Reformatoren herstellte und pflegte. Ein Brief an Katharina von Bora ist nicht überliefert. Doch aus dem von Katharina Zell propagierten Grundverständnis der Harmonie und der Solidarität unter reformatorischen Frauen (und Männern) sowie aufgrund ihrer Vorstellung vom »Amt der Pfarrfrau« ist ein Brief an Katharina Lutherin eine Fiktion mit realistischem Bezug.

Literatur: Martin H. Jung, Katharina Zell geb. Schütz (1497/98–1562). Eine »Laientheologin« der Reformationszeit, in: ZKG 107 (1996) 145–178; Thomas Kaufmann, Pfarrfrau und Publizist. Das reformatorische »Amt« der Katharina Zell, in: ZHF 23 (1996) 169–218; Martin Treu, Katharina von Bora, Wittenberg ^{3}1999.

GETRIEBEN ZUM WIDERSTAND

DAS LEBEN WÄHLEN
Vibia Perpetua und Sophie Scholl geben Zeugnis

Sophie: Wir haben uns nie getroffen während unserer Lebenszeit, kannten einander nicht.

Vibia: Das ging auch gar nicht, denn ich lebte im römischen Reich, im nordafrikanischen Karthago. Mein Name ist Vibia Perpetua. Mit drei Brüdern wuchs ich in Glück und Wohlstand auf. Wie es sich für ein Mädchen aus unseren Kreisen gehörte, wurde ich standesgemäß verheiratet. Ich hatte einen kleinen Sohn, gerade ein halbes Jahr alt. Ihn ließ ich in der Obhut meiner Eltern zurück, als ich am 7. März 203 n. Chr. mit 22 Jahren in der Arena von Karthago für meinen Glauben an Jesus Christus starb.

Sophie: Fast 1700 Jahre später wurde ich geboren, in Forchtenberg am Kocher, im Süden Deutschlands. Ich heiße Sophie Scholl. Wie Perpetua wuchs ich in einer großen Familie mit vier Geschwistern auf. Aber die Verhältnisse außerhalb dieses Kreises waren alles andere als glücklich. Die Diktatur der Nationalsozialisten griff immer stärker auch in den privaten Bereich ein. Als 1939 der Zweite Weltkrieg begann, war ich 18 Jahre alt und stand kurz vor dem Abitur. Erwachsenwerden unter diesen Umständen hieß für mich, die ich durch Erziehung und eigenen Entschluss Christin war, Stellung beziehen, wählen.

Vibia: Leicht ist die Wahl nicht gewesen, sie musste gegen Widerstände getroffen werden. Lass uns berichten, wie wir den Kampf bestanden haben: »*Als wir noch in Untersuchungshaft waren und Vater mich mit Worten abtrünnig machen wollte und in seiner Liebe beharrlich versuchte, mich zu Fall zu bringen, fragte ich ihn: »Vater, siehst du zum Beispiel das Gefäß hier am Boden, den kleinen Krug oder so?« »Ja«, sagte er. Und ich sagte zu ihm: »Kann man den etwa mit einem anderen Namen benennen als dem, was er ist?« Und er erwiderte: »Nein.« »Ebenso kann auch ich mich nicht anders nennen als was ich bin – Christin.«*

Sophie: »*Ich habe erfahren, dass ein harter Geist ohne ein weiches Herz ebenso unfruchtbar sein muss wie ein weiches Herz ohne einen harten Geist. Ich glaube, der Satz stammt von Maritain: Il faut avoir l'esprit dur et le coeur tendre. Ein Wort, das von der Seele nicht erlebt wird, ist ein totes Wort, und ein Gefühl, das nicht der Schoß eines Gedankens ist, ist vergeblich.*«

Vibia: »*Wenige Tage später wurden wir in das Gefängnis gebracht. Und Entsetzen packte mich, denn noch nie hatte ich so eine Finsternis erlebt. Was für ein schrecklicher Tag: drückende Hitze wegen der vielen Menschen, dazu die Schikanen der Soldaten. Zu alledem quälte mich die Sorge um das Kind. Dann erreichten es Tertius und Pomponius, die gesegneten Diakone, die uns betreuten, durch Bestechung, dass wir für ein paar Stunden in einen besseren Teil des Gefängnisses entlassen wurden und uns erholen konnten. Da verließen alle den inneren Kerker und pflegten sich. Ich stillte das Baby, das vor Hunger schon schwach war; seinetwegen in Sorge redete ich der Mutter gut zu, machte meinem Bruder Mut und vertraute ihnen meinen Sohn an.*

Auch deshalb litt ich, weil ich sie meinetwegen vor Kummer vergehen sah.«

Sophie: »*Viele Menschen glauben von unserer Zeit, dass sie die letzte sei. All die schrecklichen Zeichen könnten es glauben machen. Aber ist dieser Glaube nicht von nebensächlicher Bedeutung? Denn muss nicht jeder Mensch, einerlei in welcher Zeit er lebt, dauernd damit rechnen, im nächsten Augenblick von Gott zur Rechenschaft gezogen zu werden? – Das weiß ich alles. Aber lebe ich nicht trotzdem leichtsinnig dahin? O mein Gott, ich bitte dich, nimm meinen leichten Sinn und meinen eigensüchtigen Willen, der an den süßen, verderblichen Dingen hängen bleiben will, von mir, ich vermag es nicht, ich bin viel zu schwach.«*

Vibia: »*Und dies wurde mir gezeigt: Ich sehe eine eherne Leiter von wundersamer Größe, die an den Himmel rührt und so schmal ist, dass man nur einzeln auf ihr hinaufsteigen kann; und an den Holmen der Leiter ist allerlei Eisengerät befestigt, so dass einer, der unvorsichtig emporstiege, zerrissen würde. Und unter jener Leiter lag ein Drache von wundersamer Größe, der den Aufsteigenden auflauerte und sie davon abschrecken wollte hinaufzu-*

steigen. Ich sagte: »Er wird mir nichts tun, im Namen Jesu Christi.« Und von unter der Leiter her streckte er langsam, als fürchte er mich, den Kopf hervor. Und als träte ich auf die erste Stufe, so trat ich ihm auf den Kopf und stieg empor. Und ich sah einen unermesslich weiten Garten, und in seiner Mitte saß ein weißhaariger Mann in Hirtentracht, groß, der Schafe molk. Und rings um ihn standen viele Tausende in weißen Gewändern. Und er hob sein Haupt, schaute mich an und sagte zu mir: »Schön, dass du da bist, mein Kind.« Und er rief mich herbei, und von dem Käse, den er molk, gab er mir gleichsam einen Bissen. Und ich empfing ihn mit ineinandergelegten Händen und aß. Und sämtliche Umstehenden sagten: »Amen.« Und vom Klang dieses Rufes erwachte ich; irgendetwas Süßes kaute ich noch.«

Sophie: *»Da muss ich einen seltsamen Traum niederschreiben, einer von jenen wenigen, die nicht von einem so seltsam bedrückenden Gefühl beherrscht sind: Ich ging spazieren mit Hans und Schurik. Ich ging in der Mitte und hatte die beiden eingehakt. Halb ging ich im Schritt, halb hüpfte ich und ließ mich, von den beiden in die Höhe gehalten, ein*

Stück schwebend mitziehen. Da fing Hans an: »Ich weiß einen ganz einfachen Beweis für die Existenz und das Wirken Gottes auch in der Gegenwart. Die Menschen müssen doch soviel Luft haben zum Atmen und mit der Zeit müsste doch der ganze Himmel verschmutzt sein von dem verbrauchten Atem der Menschen. Aber, um den Menschen diese Nahrung für ihr Blut nicht ausgehen zu lassen, haucht Gott von Zeit zu Zeit einen Mund voll seines Atems in unsere Welt, und der durchsetzt die ganze verbrauchte Luft und erneuert sie. So macht er das:« Und da hob Hans sein Gesicht in den trüben, trüben Himmel. Er holte tief Atem und stieß die ganze Luft aus seinem Mund heraus. Die Säule seines hervorströmenden Atems war strahlend blau, sie wurde groß und größer und ging bis weit in den Himmel hinein, verdrängte die schmutzigen Wolken, und da war vor und über und um uns der reinste blaue Himmel. Das war schön.«

Vibia: Beiden wurde uns der Prozess gemacht; davon und wie wir schließlich gestorben sind, soll nun berichtet werden: *»Mittags, während wir aßen, holt man uns plötzlich zur Verhandlung. Als sie vernommen wurden, haben* *die anderen bekannt. Dann kam ich an die Reihe. In diesem Augenblick erschien mein Vater mit meinem Sohn, zog mich von der Treppe und sagte: »Opfere! Hab' Mitleid mit dem Kind!« Und der Prokonsul Hilarianus, der damals für Kapitalprozesse zuständig war, sagte: »Schone das weiße Haar deines Vaters! Schone das zarte Alter deines Knaben! Bring das Opfer für das Heil des Kaisers dar.« Und ich antwortete: »Das tue ich nicht.« Hilarianus fragte: »Bist du Christin?« Und ich antwortete: »Ja, ich bin Christin.« Und da Vater weiter versuchte, mich zu Fall zu bringen, wurde er auf Befehl des Hilarianus hinuntergeworfen und mit der Rute geschlagen. Mich schmerzte das Unglück meines Vaters, als wäre ich selber geschlagen worden. So weh tat mir sein unglückliches Alter. Dann verkündete Hilarianus seine Entscheidung und verurteilte uns allesamt zu den Tieren.«*

Augenzeuge des Prozesses gegen Sophie und Hans Scholl und ihre Freunde: *»Die Haltung der Angeklagten machte wohl nicht nur mir einen tiefen Eindruck. Da standen Menschen, die ganz offensichtlich von ihren Idealen erfüllt waren. Ihre Antworten auf die teilweise unverschämten Fragen* *des Vorsitzenden, der sich in der ganzen Verhandlung nur als Ankläger aufspielte und nicht als Richter zeigte, waren ruhig, gefasst, klar und tapfer. Lediglich an körperlichen Reaktionen konnte man das Übermaß an Anspannung erkennen, dem sie standhalten mussten. Die empörende Gesamttendenz des Vorsitzenden Freisler war, die Angeklagten immer wieder als eine Mischung von Dümmlingen und Kriminellen hinzustellen, wenn ihm dies bei ihrer Erscheinung auch schwer fallen musste. Aber diese Märtyrer ließen sich – in den letzten Stunden ihres Lebens – nicht klein kriegen.«*

Vibia: *»Ein paar Tage später dann begann der Unteroffizier Pudens, der Gefängnisaufseher, uns seine Achtung zu bezeigen, da er erkannte, dass eine große Kraft in uns ist. Vielen gewährte er Einlass zu uns, damit wir sie und uns gemeinsam stärken könnten.«*

Aufseher im Münchner Gefängnis: *»Sie haben sich so fabelhaft tapfer benommen. Das ganze Gefängnis war davon beeindruckt. Deshalb haben wir das Risiko auf uns genommen – wäre es rausgekommen, hätte es schwere Folgen für uns gehabt –,* *die drei noch einmal zusammenzuführen, einen Augenblick vor der Hinrichtung. Wir wollten, dass sie noch eine Zigarette miteinander rauchen konnten. Es waren nur ein paar Minuten, aber ich glaube, es hat viel für sie bedeutet. »Ich wusste nicht, dass Sterben so leicht sein kann«, sagte Christl Probst. Und dann: »In wenigen Minuten sehen wir uns in der Ewigkeit wieder.«*

Augenzeuge aus Karthago: *»Licht brach der Tag ihres Sieges an, und sie zogen vom Kerker zum Amphitheater wie in den Himmel, heiter, schön von Angesicht, zitternd, wenn überhaupt, vor Freude und nicht Furcht. Perpetua schritt dahin mit leuchtendem Antlitz und ruhigem Gang, wie eine Gattin Christi, wie Gottes Liebling; die Kraft ihrer Augen zwang aller Blicke nieder.«*

Augenzeuge: *»Darauf wurde Sophie von einer Wachtmeisterin herbeigeführt. Sie trug ihre eigenen Kleider und ging langsam und gelassen und sehr aufrecht. (Nirgends lernt man so aufrecht gehen wie im Gefängnis.) Sie lächelte immer, als schaue sie in die Sonne. Bereitwillig und heiter nahm sie die Süßigkeiten, die Hans abgelehnt hatte: »Ach ja, gerne, ich habe ja noch gar nicht Mittag gegessen.«*

Es war eine unbeschreibliche Lebensbejahung bis zum Schluss, bis zum letzten Augenblick. Auch sie war um einen Schein schmaler geworden, aber in ihrem Gesicht stand ein wunderbarer Triumph. Ihre Haut war blühend und frisch – das fiel der Mutter auf wie noch nie –, und ihre Lippen waren tiefrot und leuchtend.«

Augenzeuge: *»Die anderen empfingen das Eisen ungerührt und ohne Laut. Perpetua jedoch, damit sie vom Schmerz koste, heulte zwischen die Knochen getroffen auf und führte die irrende Rechte des ungeschulten Gladiators selbst an ihre Kehle. Vielleicht hätte eine so große Frau, die vom unreinen Geist gefürchtet wurde, nicht getötet werden können, wenn nicht sie selbst es gewollt hätte.*

Augenzeuge: *»Dann wurden sie abgeführt, zuerst das Mädchen. Sie ging, ohne mit der Wimper zu zucken. Wir konnten alle nicht begreifen, dass so etwas möglich ist. Der Scharfrichter sagte, so habe er noch niemanden sterben sehen.«*

Das ist unser Zeugnis, aus ganz verschiedenen Zeiten der Geschichte, und dennoch so ähnlich, dass es für alle, die davon hören, kei-

nen Zweifel geben kann: »Leben und Tod lege ich dir vor, Segen und Fluch. Wähle also das Leben, damit du lebst, du und deine Nachkommen. Liebe den Herrn, deinen Gott, hör auf seine Stimme, und halte dich an ihm fest; denn er ist dein Leben.« (Dtn 30,19–20)

Susanne Müller-Abels

Vibia Perpetua, geb. 181 n.Chr., gest. 7. März 203, stammte aus einer vornehmen Familie aus Karthago in Nordafrika und wuchs zusammen mit zwei Brüdern auf. Zum Zeitpunkt ihres Martyriums war sie verheiratet und Mutter eines Sohnes, der noch gestillt wurde. Zusammen mit vier weiteren Katechumenen wurde sie in der Arena von Karthago hingerichtet. Sie führte während der Zeit im Gefängnis ein Tagebuch, das von einem Redaktor eingeleitet und um die Todesumstände ergänzt wurde.

Sophie Scholl, geb. 9. Mai 1921 in Fochtenberg am Kocher, gest. 22. Februar 1943 in München, wuchs mit vier Geschwistern auf, 1940 Reifeprüfung in Ulm.

Um dem Arbeitsdienst zu entgehen, machte sie eine Ausbildung zur Kindergärtnerin und begann 1942 in München Philosophie und Biologie zu studieren. Zusammen mit ihrem Bruder Hans und gemeinsamen Freunden rief sie die studentische Widerstandsgruppe »Weiße Rose« ins Leben, die mit friedlichen Mitteln die Nazidiktatur bekämpfte. Durch Denunziation verraten wurden sie, ihr Bruder und zahlreiche Freunde am 18. Februar 1942 verhaftet, vom Präsidenten des Volksgerichtshofes Freisler zum Tode verurteilt und durch das Beil hingerichtet.

Die Texte, die kursiv gedruckt sind, stammen aus folgenden Quellen: Peter Habermehl, Perpetua und der Ägypter oder Bilder des Bösen im frühen afrikanischen Christentum. Ein Versuch zur Passio Sanctarum Perpetuae et Felicitatis. (Texte und Untersuchungen zur Geschichte der altchristlichen Literatur Bd. 140), Berlin 1989; Hans Scholl und Sophie Scholl, Briefe und Aufzeichnungen. Hrsg. v. Inge Jens, Frankfurt 1988; Hermann Vinke, Das kurze Leben der Sophie Scholl, Ravensburg 1987.

WORIN LIEGT MEINE STÄRKE?
Hedwig von Schlesien im stillen Zwiegespräch mit einer Pilgerin der Aufklärung

Hedwig kann das Schmunzeln nicht ganz unterdrücken. Da steht die junge Bäuerin aus Oswitz an ihrem Grab in Trebnitz, das mittlerweile zur Wallfahrtskirche geworden war, und singt ihr Wallfahrtslied, auch wenn der Zeitgeist mächtig gegen das Wallfahren wettert:

Hedwig war ein starkes Weib,
welcher wir zu Ehren singen,
denn sie wußte ihren Leib
in die Dienstbarkeit zu bringen.
Schon von ihrer Kindheit an
ging sie auf der Tugendbahn.

In dem Ehebette keusch,
in dem Fasten unverdrossen
hat sie weder Wein noch Fleisch
vierzig Jahre lang genossen.
Ihre Kleidung war nicht reich,
doch das Ruhebette weich.

Durch der Fürstenkrone Glanz
ward ihr Auge nie geblendet,
ihre Sinne waren ganz
von dem Eiteln abgewendet,
Jesus sollte nur allein
ihres Herzens Meister sein.

Den Bedrängten beizustehn,
armer Leute Füße küssen,
in entlegne Kirchen gehen
in dem Schnee mit bloßen Füßen
war für dieses starke Weib
ein vergnügter Zeitvertreib.

Die Bäuerin hatte die Wallfahrt zusammen mit einer Gruppe aus ihrer Pfarrei zu Fuß unternommen, der Pfarrer an der Spitze. Er lehnt die neuen Ideen der aufgeklärten Zeitgenossen zwar ab, kann aber auch nicht verhindern, dass seine Pfarrkinder moderne Kirchenlieder singen, allen voran die von Ignaz Franz, dem Spiritual des Breslauer Priesterseminars und eifrigen Kirchenlieddichter, letztlich einem gemäßigten Mann der katholischen Aufklärung.

»Was ist denn dir über mich erzählt worden, das sind ja starke Reime, die da zu mir emporsteigen?« Mehr als die hölzerne, holprige Art des Reimeschmiedes macht Hedwig die Komik des Liedes stutzig; ja, eigentlich ist es eher eine Tragik, welche Ideale die Frau da voll Inbrunst besingt! »Freilich muss man die aufklärerische Tendenz berücksichtigen«, reflektiert Hedwig, »die Heiligen sollen als Beispiele vorgestellt werden, Beispiele, die einen eng gestrickten Moralkodex aufrichten und stützen helfen, der sich in die Bahnen der Herrschaftsräson fügt und ein Leben in Ehrbarkeit und Bürgerlichkeit garantiert. Doch welches Frauenbild wird da vom männlichen Seelsorger für die Katholikinnen seiner Zeit produziert?«

Hedwig erwägt für sich den Sinn des Liedes.

Ich bin immerhin ein starkes Weib

»Welche Haltungen und Handlungen prägen diese Stärke? Allen voran ist es meine Keuschheit; sie ist das Fundament für ein ehrbares, tugendhaftes Leben. Es folgt das Ideal eines bescheidenen Lebens, der Verzicht auf leibliche Genüsse, auf Essen und Kleidung. Zum Gegenbild hat man mich also für die neue Zeit gemacht: stark, keusch, Entbehrungen freudig tragend, wo wir doch von unserer Natur her so ganz anders zu sein scheinen: schwach, verweichlicht, verzärtelt, sinnlich, zu üppigem Lebenswandel neigend. Auch dieses Schema haben Männer für uns konstruiert.

Sagen beide Bilder, das von der weiblichen Schwäche und das Ideal einer diese Schwäche überwindenden Stärke, die der Glaube, die Heiligkeit schenkt, nicht mehr aus über die Männer als über uns Frauen, über deren Ängste vor Stärken, die sie an uns sehen, vielleicht nur unbewusst fühlen?

Einige, oft nur sehr wenige Frauen haben ihr Potential immer wieder in der Geschichte eingebracht. In der jüngsten Zeit finden sich Ansätze zu Entwicklungen, die durchaus positiv zu werten sind: Frauen der mittleren und unteren Schichten haben mittlerweile mehr Selbständigkeit in der Wahl ihrer Ehepartner, sie sind als Mitarbeiterinnen am wirtschaftlichen und häuslichen Glück akzeptiert. Doch wirkt sich dies auch auf ihr Selbstwertgefühl aus oder gar auf ihre öffentliche Stellung gegenüber dem Mann?

Wie viel zu einem Aufbruch zu Eigenständigkeit fehlt, zeigt das Wallfahrtslied zu meinen Ehren. Die »starke Frau« darf ihre Stärke nur in den Grenzen männlicher Interessen und Machtverhältnisse entfalten: Ich habe sozial verträglich geherrscht und damit die Härten männlicher Politik ausgeglichen. Mein karitativer Einsatz wurde gelobt, weil und solange er den sozialen Schieflagen der zeitgenössischen Gesellschaft die Brisanz und damit auch die Sprengkraft gesellschaftlicher Unruhen nahm. Es ist also eine durch den Gehorsam gezähmte Stärke, kein Aufbrechen in Eigenständigkeit, kein Aufbegehren.

War mein Leben wirklich so? Hätte ich den Frauen der Aufklärungszeit nicht eine andere Botschaft vermitteln können, nicht nur dieses brave, stramme Vorbild?«

Wer war ich eigentlich?

»Freilich, wenig ist von mir überliefert. Eine der Hauptquellen, die Legenda maior, ist 57 Jahre nach meinem Tod und 33 Jahre nach meiner Heiligsprechung im Jahr 1243 entstanden. Ihr Verfasser hat mich nicht mehr gekannt. Stattdessen hat er mir die typischen Züge der heiligen Fürstinnen des 13. Jahrhunderts verpasst: Meine Pflichtheirat in jungen Jahren wird zur Demutshaltung in der Furcht des Herrn. Was blieb mir denn übrig? Dynastische Interessen werden religiös verbrämt. Was Männer an Frauen suchen, aber wohl auch fürchten, ihre sexuelle Attraktivität, manche subtile Gewalt, die sich dahinter verbirgt, wird im Bild der reinen Frau kompensiert, durch Schuldgefühle gesühnt. Mit zwölf Jahren musste ich 1186 Herzog Heinrich I. von Schlesien heiraten, mit 13 das erste Kind – tot –, mit 30 Jahren hatte ich bereits sechs Kinder. In der Familie ein Unglück nach dem anderen, Mord und Totschlag inklusive – ein scheinbar endloser Kreislauf von Schuld und Versagen.

Ich habe versucht einen Kontrapunkt zu setzen. Ich habe meinen Mann in seiner unumschränkten Herrschaft über das Volk zu bändigen versucht, war in Gerichtsverhandlungen anwesend, um ungerechte Urteile zu verhindern, grausame Behandlung der Verurteilten zu mildern.

Ich steckte mitten in den Machtmechanismen der Zeit, habe aber immer wieder versucht, sie zu durchschauen und menschlicher zu machen. Impuls dafür war mir die Heilige Schrift. Mein Lehrmeister, der Heilige Geist, hat mich in den Sog der Armutsbewegungen gebracht, die letztlich radikale soziale Veränderungen im Geist des Evangeliums wollten, nicht nur karitativen Ausgleich, der den Armen zwar ein wenig hilft, den Reichen und Mächtigen jedoch nicht weh tut. Eine Spur davon ist im Wallfahrtslied unserer Bäuerin noch zu ahnen, wenn auch mein unermüdlicher, auch letzte Konsequenzen nicht fürchtender Einsatz sehr »lyrisch« verbrämt wird.«

Ideal und Wirklichkeit

»Weißt du«, wendet sich Hewig an die Bäuerin, »die Legende hat viel hinzugefügt und viel weggelassen. Ihre Ideale sind nicht immer meine Ideale und verfehlen nicht selten meine Intentionen. Viel haben die, die mich verehrten und noch heute verehren, in mich hineininterpretiert, von dem, was sie als Ideal ansahen und meinten, selbst nicht leisten zu können. Ich wurde zur Platzhalterin, zum Instrument.

Ich wollte in meiner Zeit meine allzu menschliche Welt wahrhaft menschlich machen. Doch wollte ich nicht, wie die Legende nahe legt, durch Außergewöhnliches, durch Überhöhung faszinieren. Schon gar nicht wollte ich mich in unerreichbare Weiten rücken oder gar kirchliche Lehren aus- und untermalen. Nicht ein unerreichbares Ideal war ich, das zur Weltflucht führt. Mit ganz normalen Menschen ging ich alltäglich durch die und in der Welt.

Kurz, ich war auch eine Frau meiner Zeit, mit Sorgen, Angst und Versagen. Eine Frau, die das höfische Leben geliebt hat, die immer wieder auch geblendet war von der Macht. Aber ich mühte mich um geistige Unabhängigkeit, lebte im Sinne der Nachfolge des armen Jesus; das hat mich außergewöhnlich, für meine Zeitgenossen unverständlich, fremd erscheinen lassen.«

Etwas resigniert murmelt Hedwig vor sich hin: »Man hat es eben nicht in der Hand, welches Bild vom eigenen Leben weitergegeben und als Vorbild hingestellt wird, dass man vereinnahmt und ins Gegenteil verkehrt wird. Wenn ich nur der Pilgerin klar machen könnte, dass sie selbst die Schrift lesen, bedenken und in ihre Lebenswelt übersetzen muss, dass sie nicht nur die Predigten der Pfarrer hören und die Lieder nachsingen muss. Sie darf der Stimme des Heiligen Geistes in ihr, ihren Intuitionen vertrauen, je an dem Ort und in den Situationen, in die sie gestellt ist. Sie kann Gegengewichte setzen, die freilich Männer oft vor den Kopf stoßen und die das Leben nicht unbedingt im Sinn eines einfachen Wandels auf den vorgegebenen Tugendpfaden erleichtern. Sie fordern das geschickte Einbringen der eigenen Talente und stehen doch immer wieder in der Gefahr, in die herrschenden Strukturen vereinnahmt zu werden.«

Wie wird es weitergehen?
Da laufen Hedwigs Gedanken weiter in die Mitte des 20. Jahrhunderts: Werden die Schlesierinnen und Schlesier in der Vertreibung sie verstehen, wenn sie sie zur Brückenbauerin zwischen Bayern und Schlesien, zwischen dem Westen und dem Osten Deutschlands, zwischen Deutschen und Polen machen? Sie, Hedwig, aus dem Andechser Haus stammend und dann in die Piastenfamilie eingeheiratet, sollte um Verständnis für die schlesischen Eigenarten bei den Bayern und bei den Westdeutschen allgemein werben und der schwierigen Verständigung zwischen Deutschen und Polen dienen. Sie sollte die Klammer für die in neuen Gemeinden wahllos zusammengewürfelten

Schlesierinnen und Schlesier nach 1946 darstellen.

»Konnten hier meine Anliegen wirksam zum Tragen kommen? Was vermochte mein Vorbild in dieser Vielfalt, angesichts des gewollten und ungewollten Schuldigwerdens der Menschen aneinander? Wurde mein Wirken, in das ich die biblischen Maßstäbe von sozialem Ausgleich, von Gerechtigkeit, von Verzeihung und Versöhnung einzubringen suchte, wirkungsvoll, auch strukturell eingebracht? Was vermochte mein Vorbild angesichts der schlimmen körperlichen und seelischen Wunden, die gerade Frauen in Flucht und Vertreibung geschlagen wurden? Erfuhren Frauen durch die Identifizierung mit mir Stärkung im Vertrauen auf sich, in ihrem Mühen am Rande der Existenz, inmitten von Tod, Not, Verlusten? Blieb das Mühen der Frauen, auch wenn es in den Notzeiten auszubrechen verstand, auch diesmal nur Kriseneinsatz, ohne Wirkungen auf zukünftiges Selbstverständnis und neue Rollen? Wann wird die Stärke der Frauen nicht mehr die Stärke im Dienste der Männer, sondern ihre Stärke zu ihrem eigenen Wohlergehen sein? Eine Stärke, die jede Frau trägt und sich zugleich für die Gemeinschaft aller als hilfreich erweist, eine Stärke des Glaubens und des Handelns?«

Lydia Bendel-Maidl

Hedwig von Schlesien, geb. 1174, gest. 15.10.1243, Tochter des Grafen Berthold IV. von Andechs, Tante Elisabeths von Thüringen und wie diese als Vorbild und Patronin christlicher Nächstenliebe verehrt. Grab in ihrer Lieblingsstiftung Kloster Trebnitz. Am 26.3.1267 von Clemens IV. heiliggesprochen. Hedwig wird dargestellt mit Herzog(innen)hut, Kirchenmodell und Marienstatue.

Das Hedwigslied der Aufklärungszeit findet sich in: Allgemeines und vollständiges Catholisches Gesangbuch, worin neue geistliche Lieder zu finden sind, welche Morgens und Abends, in der Kirche bey der heiligen Messe, zur Predigt, bey Processionen und allen Theilen des Gottesdienstes, an den Festtagen des

Herrn und der Heiligen Gottes; wie auch zu Hause bey der Arbeit, in allerley Umständen und Nöthen, besonders bei Begräbnissen, zum Unterricht, Trost und Erbauung frommer Seelen gebrauchet werden können. Von Ignatz Franz, ehemaligen Erzpriester und Pfarr zu Schlawa, itzt Rektor des weltgeistlichen Collegiums, und Assessor des hochwürdigen Apostolischen Vicariates in geistlichen Sachen auf dem Dohme zu Breslau, Breslau 1778, Nr. 201.

DIE HEILIGE, »DIE DIE WELT ERNST NAHM«

Maria Grollmuß an Catarina von Siena

Liebe Catarina,

Heute ist der 4. Juni 1940! Seit Ausbruch des Krieges sind acht Monate vergangen und heute konnte ich erstmals an einer heiligen Messe in der Gefängniskapelle teilnehmen. Nun bin ich wieder in meiner einsamen Zelle. Die Birkenzweiglein und die kleinen Fliederblüten, die mir mein Klienerchen von der Fronleichnamsprozession in unserem Dorf Radibor schickte, haben mich in die Kirche begleitet und liegen nun vor deinem Bild, Catarina.

Wie oft habe ich früher mit meiner Schwester über dich gesprochen, wenn es um meine Artikel über die politische Mitarbeit der Frau in der jungen Republik ging. Ich hatte da meine eigenen Ansichten über das Wesen der Frau und ihre Befähigung zur Politik.

Wahrscheinlich etwas einseitig und zu radikal. Die Schriftleitung der »Schildgenossen« des Quickborn distanzierte sich von meinem Aufsatz »*Über die weibliche Form der Politik*«, hielt ihn aber dennoch für wichtig, um bestimmte Seiten der Gesamtfrage hervorzuheben. In den anschließenden Artikeln fanden Helene Weber und Gerta Krabbel, dass ich von einer unsachlichen Basis ausginge, wenn ich mich hinsichtlich der besonderen politischen Begabung der Frau ausschließlich auf Maria Theresia, auf Katharina von Russland oder einige große Heilige berief. Mit den Heiligen warst du und war auch Jeanne d'Arc gemeint. Letztere hatte ich übrigens schon lange zuvor zu meiner Firmpatronin gewählt.

Diesen Artikel habe ich 1926, also vor vierzehn Jahren geschrieben. Ich konnte damals nicht ahnen, dass ich dir, Catarina, einmal so unmittelbar nachfolgen würde. Ehrlich gesagt, nicht ganz freiwillig. Ich hatte schon immer große Bewunderung für dich, wie du aus deiner *cella interna* heraus, die ja räumliche und geistliche Sammlung bedeutete, in deine Zeit hineingewirkt hast. In welch schlimmen Zeiten für die Kirche und die Welt musstest du leben! Aber du hast sie ernst genommen.

Ach, Catarina, unsere Zeiten heute sind ja auch sehr schwer. Ich habe gegen die dämonischen Machthaber Widerstand geleistet. An einer neuen politischen Ordnung wollte ich mitarbeiten, habe unter großen Gefahren schriftliches Material und Freunde über die tschechische Grenze gebracht. Ich kannte ja die heimlichen Wege in meiner Lausitzer Heimat. Ob ich verraten worden bin, weiß ich nicht. Am 7. November 1934 nahmen mich die Häscher in unserem Haus in Radibor fest, ebenso in Lüneburg meinen politischen Weggefährten Hermann Reinmuth. Danach Untersuchungshaft in Dresden.

Weißt du, Catarina, wie nahe du mir in den ersten Tagen im Gefängnis gewesen bist? Es war bestimmt kein Zufall, dass mir meine frühere Schülerin Marlis Ebner, die inzwischen in Offenburg Klosterfrau geworden war, zuvor ein Bildlein von dir geschickt hatte. Ich hatte es in meine Zelle mitgenommen, es hat sogar einige Tage im Büro der Geheimen Staatspolizei gestanden. Wie oft habe ich gezittert, wenn mir bei meinen Grenzgängen der furchtbare Gedanke kam, ich müsste meiner geliebten Heiligen einmal in die *cella interna* folgen – zwar als unfreiwillig unmonastische, aber doch nicht so ganz unkatholische Recluse.

Schrecklich waren die Monate vor den Verhandlungen vor dem Volksgerichtshof. Angeklagt wegen »Vorbereitung zum Hochverrat« mussten wir mit der Todesstrafe rechnen. Das Urteil fiel gnädig aus: sechs Jahre Zuchthaus für mich, sieben Jahre für Hermann.

Noch ein halbes Jahr, Catarina, dann habe ich meine Strafe hier in Waldheim abgebüßt. Wie sehne ich mich nach meinem Klienerchen, nach meinem Dorf, nach den Wanderungen zu meinem geliebten Heidemadönnchen in Rosenthal!

Ich habe aber gehört, dass wir vielleicht doch noch in ein Lager kommen könnten. Catarina, diesen Gedanken kann ich nicht zu Ende denken! Lass mich deine Hand ergreifen! Ihr Heiligen – du und Jeanne d'Arc, Bruder Klaus und Pater Damian –, ihr habt, wenn die dunklen Mächte heraufzogen, den Kopf nicht verloren. Entscheidend ist, dass in einem ganz gewöhnlichen Herzen etwas vom Glauben der Heiligen brennt. Meinem Klienerchen will ich im nächsten Brief davon schreiben.
Deine Maria

Elisabeth Prégardier

Catarina von Siena, geb. 1347 in Siena, gest. 29. April 1380 in Rom. Ihr Grab befindet sich dort in der Kirche Santa Maria sopra Minerva. Catarina widersetzte sich energisch den Heiratsplänen ihrer Mutter, zog sich betend und fastend drei Jahre lang in einen Raum ihres Hauses – die cella interna – zurück. Sie wurde Tertiarin des Dominikanerordens, pflegte die Pestkranken, vermittelte zwischen den streitenden politischen Gruppen und bewog 1376 Papst Gregor XI. zur Rückkehr von Avignon nach Rom. Catarina war mystisch begnadet, erlebte viele Visionen und empfing 1375 die Wundmale Jesu, die bis zu ihrem Tod verborgen blieben. Die von ihr diktierten Briefe und Visionen (sie konnte nicht schreiben) gehören zur klassischen italienischen Literatur. 1461 Heiligsprechung, 1970 Erhebung zur Kirchenlehrerin, 1999 Ernennung zusammen mit Birgitta von Schweden und Edith Stein zur Patronin Europas.

Maria Grollmuß, geb. 24. April 1896 in Leipzig, gest. 6. August 1944 im Konzentrationslager Ravensbrück. Der Vater stammte aus dem Sorbenland, die Mutter aus dem Badischen. Maria wurde zunächst Lehrerin, arbeitete dann als politische Journalistin in Frankfurt, danach arbeitslos. 1934 Verhaftung in Radibor, Verbüßung der Haftstrafe in Waldheim, ab 1940 im KZ Ravensbrück. Aus der Haftzeit existieren noch 25 Briefe an ihre Schwester Cäcilie.

Literatur: Anne Mohr/Elisabeth Prégardier (Hrsg.), Briefe nach Radibor: Maria Grollmuß (1896–1944). Aus dem Zuchthaus Waldheim und dem Konzentrationslager Ravensbrück von 1938–1944, Plöger Medien GmbH, Annweiler 2000.

UNBEIRRBAR UND WIDERSTÄNDIG

Gerta Krabbel über Caritas Pirckheimer – Ein Interview

■ Frau Dr. Krabbel, vor einigen Monaten ist mir Ihr Buch über Caritas Pirckheimer in die Hand gekommen. Ich war von dem Lebensbild, das Sie von dieser Frau des 16. Jahrhunderts zeichneten, sehr beeindruckt: Es begegnet uns darin eine Klosterfrau, die hochgebildet ist – sie steht in Kontakt zu namhaften Gelehrten ihrer Zeit –, und die mit ihrer Bildung eine tiefe Religiosität vereint. Fast dreißig Jahre stand sie als Äbtissin dem Klarissenkloster zu Nürnberg vor und hat sich in dieser Zeit mit aller Kraft dem Reformationsdruck durch die Nürnberger Bürgerschaft widersetzt. So hat sie den Bestand ihres Klosters über ihren Tod hinaus bewahren können. Was hat Sie an dieser Persönlichkeit am meisten bewegt?

Gerta Krabbel (GK): Es war die Beständigkeit als charakteristischer Zug ihres Wesens: *Sie bleibt immer die gleiche … Es geht eine gerade Linie durch ihre Entwicklung hindurch. Es mag kommen, was will, sie lebt aus dem innersten Kern ihres Seins unbeirrbar und unerschütterlich.* (CP 234f)

■ Daraus entspringt wohl Caritas' innere Unabhängigkeit, die ihren Widerstand gegen die Auflösungsanstrengungen der Reformatoren genährt hat?

GK: Das ist anzunehmen. In dieser Zeit *zeigt sich diese Unabhängigkeit ja in überwältigendem Ausmaß. Wie wird Caritas bedrängt in dem Kampf um den Glauben! Wie wird ihr vorgehalten, sie würde Ursache großen Blutvergießens sein! Immer ist sie unbeirrbar, an dem festhaltend, was sie für richtig erkennt. Hier vereinigt sich in ihr große Geisteskraft mit Entschiedenheit… Doch das ist nur eine Seite ihres Wesens, ebenso wichtig sind andere, so die große Ehrfurcht vor der Freiheit der Person.* (CP 235)

■ Und dieser Respekt gegenüber der persönlichen Freiheit äußert sich in ihrem Verhältnis zu den Schwestern ihres Konvents, die sich aus innerer Freiheit zur Beibehaltung oder Aufgabe des klösterlichen Lebens entscheiden sollen. Aber er äußert sich auch in ihrer Forderung an den Nürnberger Rat, die Freiheit des Gewissens zu respektieren.

GK: Dabei ist Caritas keineswegs rechthaberisch, sondern im wohlverstandenen Sinne demütig. *Ihre Demut ist auch im Kampf immer bereit, Fehler einzugestehen, sie zu ändern, Buße auf sich zu nehmen, wenn sie Unrecht getan hat.* Doch: *Dieser Demut gesellt sich eine wahre Klugheit zu. Sie weiß genau, wann sie spricht und wann nicht; lehnt es ab, mit Fanatikern zu reden, weil zu keinem Ergebnis zu kommen sei.* (CP 236)

■ Mich hat besonders ihre Schlagfertigkeit, bisweilen ihre bissige Ironie erstaunt. Das ist nicht gerade das, was man von einer frommen Klosterfrau gemeinhin erwartet. Sie scheint eine sehr selbstbewusste Persönlichkeit gewesen zu sein?

GK: Das war sie bestimmt. *Der Eindruck ihrer Persönlichkeit muß sehr tief gewesen sein... Des-*

halb versuchte man ja immer wieder, sie für die neue Lehre zu gewinnen... Man sagte zu ihr: *»Wenn wir Euch haben, haben wir die ganze Landschaft.« Es zeigt die Bedeutung dieser Frau.* (CP 236)

■ Lassen Sie uns nun über die Motive reden, die Sie, Frau Dr. Krabbel, zur Abfassung Ihres Buches über Caritas Pirckheimer gebracht haben. Es fällt auf, dass Sie es 1939 abgeschlossen und 1940 publiziert haben, also in der Zeit des Nationalsozialismus. Haben Sie es als Zeichen wider den Ungeist der Zeit setzen wollen?

GK: Zunächst einmal nicht. Ich hatte mich *vor einer Reihe von Jahren eingehend mit der bedeutsamen Schutzschrift Willibald Pirckheimers,* des Bruders von Caritas, *für das Klaren-Kloster in Nürnberg befasst ...,* und da *ist mir der Gedanke an die edle Äbtissin dieses Klosters ... stets lebendig geblieben.* Sie selbst hatte *über die ereignisschwere Zeit des Glaubenskampfes, die ihr Kloster durchlebte, »Denkwürdigkeiten«* aufgezeichnet *und damit* das *Gedächtnis dieser Jahre künftigen Geschlechtern* anvertraut. Sie war also auch eine Frau mit Geschichtsbewusstsein. Dies *schien mir eine Mahnung zu sein, das Bild ihrer Größe der Gegenwart nahe zu bringen.* (CP Vorwort) – Wenn Sie so wollen, war also das primäre Interesse ein historisches. Dazu kam aber dann auch ein Anliegen, das in meiner Arbeit im Katholischen Frauenbund begründet war. Den Gründerinnen dieser Laienbewegung ging es ja darum, *dass die katholische Frau die Verbindung von innerer Selbständigkeit und Urteilskraft mit echter, tiefer Verwurzelung in der Kirche gewinne, dass sie sich erkenne als Glied des Corpus Christi Mysticum*, also als Glied am Leib Christi, *und dies in unerschütterlichem Glauben und tiefer Liebe zu Christus lebe.* (JW 91)

■ Caritas Pirckheimer ist eine Frau der Geschichte, die diese Haltung vorbildlich lebte.

GK: Genau. Sie und andere große Frauen haben, wie ich das gerne sage, *vom Herzen her gelebt, sie hatten ein mutig Herz, das die Kraft hat, dem innersten Impuls unerschrocken zu folgen; und mit redlichem Wollen sind sie ihren Weg ge-*

gangen, klar, lauter, der Wahrheit zugewandt. Das Lebensbild der Caritas Pirckheimer ist *so gemeint, dass der Blick* der Leserin sie *anschauen, das Herz sich* ihr *zuwenden soll. Solches Verweilen … führt dann vielleicht zu einer Begegnung. Das wäre eine glückliche Stunde*! (MH 5)

■ Es wäre ein Beispiel für die fruchtbare Beziehung, in die eine Frau heute zu einer Frau in der Geschichte treten könnte.

GK: So ist es. Natürlich hat sich im Laufe der Geschichte und im 20. Jahrhundert insbesondere der Lebenskreis von Frauen verändert, *von der Frau, die mit freudiger Bereitschaft jede Gelegenheit zu liebendem Tun ergriff, zu jener, die aus innerem Antrieb auch nach höherer Erkenntnis verlangt und neue Möglichkeiten des Schaffens sucht und findet*. (MH 8) Dafür ist Caritas Pirckheimer ein frühes Modell. Freilich immer noch in den durch die geschichtliche Situation festgesetzten Grenzen: Nur das Kloster bot damals einer Frau, die nach höherer Erkenntnis und nach, wenn nicht neuen, so größeren Möglichkeiten des Schaffens suchte, den nötigen Spielraum.

Lebenshaltung und Selbstbewusstsein, wie sie bei ihr sichtbar werden, bilden jedoch die Vorgeschichte der heute selbstverständlichen gleichen Bildungschancen von Frauen und Männern.

■ Sie selbst gehörten zur ersten Generation von Frauen in Deutschland, denen sich diese Chancen auftaten, und die sie energisch nutzten.

GK: Aber hätten wir es damals vermocht, wenn nicht schon viele Frauen vor uns gegen die verordnete Unbildung protestiert hätten? Etwa Caritas in ihrem Brief an den Gelehrten Conrad Celtis, wo sie schreibt: *Ihr habt hier gegen die Gewohnheit vieler Gelehrten, vielmehr: Hochmütigen, gehandelt, die sich fälschlich erheben und alle Worte, Handlungen und Darstellungen der Frauen so sehr gering schätzen, als hätten nicht beide Geschlechter einen Schöpfer, Erlöser und Seligmacher, und die nicht wahrnehmen, dass die Hand des höchsten Künstlers bisher noch nicht verkürzt ist. Er hat den Schlüssel der Wissenschaft, teilt den Einzelnen zu, wie Er will, denn Er sieht nicht auf die Person.* (CP 44) – Dieser Protest beruft sich auf den Herrn und Schöpfer der Welt, auf sein Ja zum Menschen als Mann und Frau. – Schauen wir uns die Reihe großer Christinnen in der Vergangenheit und in der Gegenwart an: *So verschiedenartig die Frauen sind... darin sind sie sich alle verwandt: ihr Streben und Tun gründet in ihrem christlichen Glauben. Liebe zu Christus und seiner Kirche ist die Quellkraft ihres Seins, sie hat ihr Leben geprägt* (MH 9), sie mutig, beharrlich und zielsicher gemacht.

■ In diesem Sinn könnte das Erscheinen Ihres Buches in den Jahren der Nazi-Diktatur auch als Zeichen wider den Ungeist der Zeit verstanden werden?

GK: In diesem Sinne schon. Wie Sie wissen, war unsere Verbandstätigkeit im Katholischen Frauenbund von den Nationalsozialisten, nachdem wir uns der Gleichschaltung widersetzt hatten, weitgehend eingeschränkt worden. *Wir durften nur religiös tätig sein, auch in unsern Zeitschriften, die später verboten wurden; aber wir spürten im Geschehen der Zeit, im Großen wie im Erleben jedes Tages, dass gerade die Be-*

mühung um religiöse Vertiefung, Erneuerung des Glaubens, Stärkung der Treue und des Ausharrens notwendig war. Wir erkannten, was es für die Familie, für die Berufstätige, für jede Frau bedeutete – und jede Frau wirkt ja weiter auf andere –, wenn sie innerlich stark, urteilsfähig, unbeirrbar war und trotz allem, was an Schwerem geschah, im Vertrauen auf Gott, in der christlichen Hoffung nicht wankte. (JW 94). Und wo sollten wir unsere Orientierung finden, wenn nicht im Leben heiliger Frauen, zu denen ich auch Caritas zählen möchte, in das wir uns mit *liebender Verehrung* versenkt haben *in dem Bewusstsein, dass die Erinnerung an sie nicht untergehen dürfe, und in der Hoffnung, sie möchten sich... unserer großen geistig-seelischen Not erbarmen ...* (JW 97). Wir müssen uns heute die Frage stellen, ob wir damals stark, urteilsfähig und unbeirrbar genug waren. Man kann *von vielem sprechen, was in dieser Zeit geschah. Gegenüber dem, was geboten schien, ist es gering. Aber viel ernste Bemühung lag darin. Was es gewirkt hat, steht bei Gott.* (JW 98) – Auch Caritas Pirckheimer hat letztlich das Geschick ihres Klosters nicht in den Händen gehabt. Man ließ es langsam aussterben. Aber ihre innere Größe, ihre Geistigkeit und tiefe Religiosität ließen sich nicht totschweigen, und so kann sie uns auch in unserer zukünftigen Arbeit begleiten, denn so *ernst und groß* unsere Aufgaben heute *in den verschiedensten Lebensbereichen und im weiten Raum des öffentlichen Lebens sind, so dringend die innere Situation der Zeit nach dem geistigen Wirken der Frau ruft…, alles mutvolle, tatkräftige Tun gewinnt seine Stärke und seinen Tiefgang nur aus echtem religiösem Geist.* (JW 98)

■ Frau Dr. Krabbel, ich danke Ihnen für dieses Gespräch.

Hildegard König

Caritas (Barbara) Pirckheimer, 21.3.1467 bis 19.8.1532, aus vornehmer Patrizierfamilie, seit 1479 im St.-Klara-Kloster zu Nürnberg, ab 1503 dort Äbtissin. Hochgebildet und tief religiös wie sie ist, setzte sie den reformatorischen Bestrebungen des Nürnberger Rates entschiedenen Widerstand entgegen und konnte dadurch die Auflösung ihres Klosters verhindern. Das Kloster starb später aufgrund eines vom Rat verordneten Eintrittverbots aus.

Gerta Krabbel, 20.3.1881 bis 10.3.1961. Studium der Fächer Geschichte, Philosophie und Germanistik in Bonn, Freiburg und Münster. 1914 Promotion zum Dr. phil.; Gründerin von Studentinnenverbindungen, Mitglied des 1903 gegründeten Katholischen Deutschen Frauenbundes, von 1926–1952 dessen Vorsitzende; widersetzt sich den Gleichschaltungsbestrebungen des NS-Regimes; von 1933 bis 1961 Schriftleiterin der Verbandszeitschrift »Die christliche Frau«.

Die wörtlichen Zitate sind entnommen aus: Gerta Krabbel, Caritas Pirckheimer. Ein Lebensbild aus der Zeit der Reformation. Erstveröffentlichung 1940. 7. Auflage, Münster 1982. (CP); Gerta Krabbel, Die tiefste Wurzel unseres Tuns. In: Jahrhundertwende – Jahrhundertmitte. Der Katholische Deutsche Frauenbund auf dem Wege. 1903–1953. Köln 1953, S. 91–98. (JW); Gerta Krabbel (Hrsg.), Ein mutig Herz, ein redlich Wollen. Katholische deutsche Frauen aus den letzten hundert Jahren. Münster 1947. Zum Geleit: S. 5–9. (MH).

DIE AUTORINNEN

Lydia Bendel-Maidl, Tübingen, geb. 1963, Dr. theol., verh., Theologin und Altphilologin, Habilitation in Fundamentaltheologie, Mitglied der Theologischen Kommission des KDFB, Mitglied von AGENDA – Forum katholischer Theologinnen e.V. (= AGENDA)

Angela Berlis, Bonn/Arnheim, geb. 1962, Dr. theol., verh., zwei Töchter, altkatholische Priesterin, Mitarbeit an einem Forschungsprojekt am Dominikanischen Studienzentrum in Nijmegen (Niederlande), Dozentin am Alt-Katholischen Seminar in Utrecht, Mitglied der AG Zeitgeschichte des KDFB, Vorstandsmitglied der deutschen Sektion der Europäischen Gesellschaft für theologische Forschung von Frauen.

Anneliese Felber, Graz, geb. 1957, Dr. theol., Theologin und Altphilologin, Assistentin am Institut für Ökumenische Theologie und Patrologie der Universität Graz, Mitarbeit im Arbeitskreis Patristik, Mitglied der Europäischen Gesellschaft für theologische Forschung von Frauen.

Heike Grieser, Lampertheim, geb. 1965, Dr. theol., verh., zwei Kinder, Historikerin und Germanistin,

Wissenschaftliche Assistentin am Seminar für Kirchengeschichte, Abteilung Altertum und Patrologie am Fachbereich Kath. Theologie der Universität Mainz, derzeit Habilitation. Mitarbeit im AK Patristik.

Theresia Hainthaler, Frankfurt a.M., Dr. theol., Dipl. Math., seit 1986 an der Philosophisch-Theologischen Hochschule Sankt Georgen Mitarbeit am Forschungsprojekt »Jesus der Christus im Glauben der Kirche« von Prof. Alois Grillmeyer SJ. Seit 1994 verantwortlich und beauftragt mit der Fortführung des Werkes (1998 A. Grillmeyer †), seit 1989 Lehrtätigkeit in Dogmatik und Alter Kirchengeschichte an der Hochschule St. Georgen, seit 1994 Teilnahme am ökumenischen Dialog der Kirche syrischer Tradition. AK Patristik.

Regina Heyder, Mainz, geb. 1966, Dipl. theol., verh., ein Kind, Diözesanreferentin des KDFB Mainz, Mitglied der Theol. Kommission des KDFB und der AG Zeitgeschichte, derzeit Promotion.

Hildegard König, Aachen, geb. 1954, Dr. theol., verh., Hochschuldozentin für Kirchengeschichte an der RWTH Aachen; Mitarbeit im AK Patristik und Mitglied der Theologischen Kommission des KDFB, Mitglied von AGENDA.

Annegret Langenhorst, Baindt, geb. 1966, Dr. theol., verh., zwei Kinder, Studium der kath.Theologie, Germanistik, Hispanistik in Würzburg, Tübingen, Salamanca. Promotion in Kirchengeschichte. Lehrtätigkeit an der Ruhr-Universität Bochum, Gymnasiallehrerin, Mitglied der Internationalen Kommission des KDFB.

Irene Leicht, Karlsruhe, geb. 1965, Dr. theol., verh., Wissenschaftliche Assistentin am Arbeitsbereich Mittlere und Neuere Kirchengeschichte an der Theol. Fakultät Freiburg, Mitglied der AG Zeitgeschichte des KDFB und von AGENDA. Mitglied der Europäischen Gesellschaft für theologische Forschung von Frauen, derzeit Habilitation.

Claudia Lücking-Michel, Aachen, geb. 1962, Dr. theol., verh., zwei Kinder, Leiterin der Abt. für Bildung und Pastoralarbeit bei Misereor, Vizepräsidentin des KDFB, Vorsitzende der Internationalen Kommission des KDFB, Vorstandsmitglied von AGENDA. Mitglied im ZdK.

Hilary Mooney, Freiburg im Breisgau, geb.1962, Dr. theol., verh., zwei Kinder, Studium der Altphilologie, Philosophie, Theologie, derzeit Habilitation. Mitarbeit im AK Patristik.

Susanne Müller-Abels, Sasbach/Baden, geb.1959, Dr. theol., verh., eine Tochter, Lehrerin für Religion und Latein, derzeit Habilitation. Mitarbeit im AK Patristik.

Gisela Muschiol, Münster, geb. 1959, Dr. theol., Priv.-Doz., verh., eine Tochter, Oberassistentin am Institut für Theologie und Religionspädagogik des FB Erziehungswissenschaften der Universität Hannover, Privatdozentin für Mittlere und Neuere Kirchengeschichte der Katholisch-Theologischen Fakultät der Universität Münster, Vorsitzende der AG Zeitgeschichte des KDFB, Mitglied von AGENDA.

Elisabeth Prégardier, Oberhausen, geb. 1934, Lehrerin, von 1963–1996 stellvertretende Geschäftsführerin der Bischöflichen Aktion ADVENIAT, Vorsitzende des KDFB Bistum Essen, Mitglied der AG Zeitgeschichte des KDFB.

Susanne Sandherr, Bonn, geb. 1960, Dr. theol., 1991–1996 Pastorale Mitarbeiterin in der Katholischen Hochschulgemeinde Karlsruhe, seit 1996 Wissenschaftliche Mitarbeiterin am Dogmatischen Seminar der Kath.-Theol. Fakultät der Universität Bonn; Mitglied in der Europäischen Gesellschaft für theologische Forschung von Frauen und im Verein AGENDA, derzeit Habilitation.

VERZEICHNIS DER FRAUENGESTALTEN

ABBILDUNGEN

von Margret Russer

Die sieben Gaben des Heiligen Geistes